Elisabeth Friesenhahn | Peter Friesenhahn

111 Orte im Hunsrück, die man gesehen haben muss

111

emons:

Bibliografische Information der Deutschen Nationalbibliothek
Die Deutsche Nationalbibliothek verzeichnet diese Publikation in der Deutschen Nationalbibliografie; detaillierte bibliografische Daten sind im Internet über http://dnb.d-nb.de abrufbar.

MIX
Papier aus verantwortungsvollen Quellen
FSC® C043106

Gestaltung: Eva Kraskes, nach einem Konzept
von Lübbeke | Naumann | Thoben
Kartografie: altancicek.design, www.altancicek.de
Kartenbasisinformationen aus Openstreetmap,
© OpenStreetMap-Mitwirkende, ODbL
Druck und Bindung: Grafisches Zentrum Cuno, Calbe
Printed in Germany 2021
Erstausgabe 2014
ISBN 978-3-7408-1090-0
Aktualisierte Neuauflage März 2021

Vorwort

Als ich 14 Jahre alt war, wohnte unsere Familie im Moseltal. Eines Tages sagte mein Vater zu mir und meinem Bruder: »Wir werden die Oma am Rhein besuchen, mit dem Fahrrad, dabei werden wir den Hunsrück überqueren.« Das hörte sich nach Abenteuer an, er hätte auch sagen können: »Wir durchqueren die Wüste Sahara.« Es ging zuerst moselabwärts, das lief noch gut, aber dann ging es in Serpentinen hinauf auf den Hundsbuckel, wie der Hunsrück landläufig genannt wird. Damals gab es noch keine Gangschaltung, wir schoben und schwitzten und fluchten. Nix Abenteuer, nur elende Schieberei. Als wir endlich oben waren, überquerten wir – wieder mit einigen Steigungen – den Vorderhunsrück und sausten dann endlich hinab zum Rhein. Gott sei Dank, der schreckliche Hunsrück lag hinter uns. Das war meine erste, aber unerfreuliche Begegnung mit der welligen Hochfläche. Die nächsten Begegnungen waren ganz anderer Art. Älter geworden, marschierten wir nun um Raketenstellungen und forderten den Abzug der Atomraketen. Als das geschafft war, wurde aus dem Marschieren Wandern, und nun erschloss sich uns bei weiteren Begegnungen eine Landschaft, die ihresgleichen sucht. Der weite Blick bis zum Horizont, der Gesang der Lerchen, das besondere Licht über den Feldern und die oft raue Hunsrücker Luft, die aber immer belebend wirkt!

Nun bietet sich die Gelegenheit, ein Buch über diese überaus vielfältige Region zu machen. Nach dem Motto »Mosel, Nahe, Saar und Rhein schließen rings den Hunsrück ein« haben wir 111 Orte ausfindig gemacht, die in ihrer Art einmalig sind, wir fanden unglaubliche, verwunschene und skurrile Orte, sagenhafte Stellen und durch Konversion verwandelte Orte.

Mit Absicht sind auch an jedem Fluss, der den Hunsrück begrenzt, einige Orte ausgewählt, um die Lage des Hunsrücks zu verdeutlichen.

Der Hunsrück hat's auf jeden Fall in sich.

111 Orte

1 Die Schiefergrube

Das schwarze Gold des Hunsrücks

Im Ortsnamen Altlay steckt der Schiefer schon drin: die Lay, die Loreley, der Layendecker. Schon 1149 wurde der Ort »Leia« genannt. 1498 wurde zum ersten Mal erwähnt, dass dort Schiefer abgebaut wird, und bis zum heutigen Tag ist Altlay das Schieferdorf. Vor einigen Jahren ist man auf eine zehn Meter dicke und 40 Meter hohe Schieferader gestoßen. Wie tief sie in den Berg reicht, weiß man noch nicht, aber hier lagert nach Auskunft der Arbeiter noch Schiefer für viele Hausdächer. Seitdem baut eine Firma das Gestein in langen Stollen ab.

In Gummistiefeln geht es in den Stollen durch zähen Schlamm, von oben tropft Wasser, das auf dem Boden graue Pfützen bildet. Laut ist es hier unten, ohne Ohrstöpsel und Kopfhörer geht nichts. Eine rotierende diamantbesetzte Säge fräst einen tiefen Spalt nach dem anderen in das graue Gestein. Grelle Scheinwerfer sind auf die Arbeitsstelle gerichtet. Durch das Wasser, das zur Kühlung des Sägeblatts benötigt wird, entsteht ein feiner Nebel, der den Raum in ein unwirkliches Licht taucht. Jetzt kommt ein anderes Gerät zum Einsatz, eine Maschine mit einem Meißel, sie löst die vorgeschnittenen Gesteinsbrocken aus dem Felsen. Zwei Tonnen wiegt so ein 1,5 Meter hoher und ein Meter breiter Stein. Ein Radlader bringt die Hinkelsteine nach draußen, und ein Bagger lädt sie dann auf einen Lastwagen. Der fährt den Schiefer nach Bundenbach, wo er in fünf Millimeter breite Dachschieferplatten gespalten wird. Außerdem werden aus dem angefahrenen Material Mauern und Grabsteine gewonnen.

Der unterirdische Abbau bietet Vorteile: Ungestört von schlechtem Wetter, kann man hier ganzjährig abbauen, und der Abraum wird zum Verfüllen schon ausgebeuteter Stollen verwendet. Auch das Landschaftsbild bleibt unbeeinträchtigt, somit ist der Untertagebau natur- und umweltverträglich. Der Schiefer aus der Grube Altlay gehört zu den besten Schiefervorkommen Deutschlands.

Adresse 56858 Altlay | Anfahrt von der B 327 abbiegen auf die L 194, in der Ortsmitte von Altlay gegenüber dem Gasthaus Schmidt parken, dann zu Fuß über die Grubenstraße ins Bachtal, am Bach circa drei Kilometer aufwärts | Öffnungszeiten Besichtigung nur nach vorheriger Anmeldung bei der Firma Theis-Böger unter Tel. 06544/99790 | Tipp Das historische Landgasthaus der Familie Schmidt in der Hauptstraße 20 ist sehenswert, vorn die urige Gastwirtschaft, daran angeschlossen der rote Salon mit modernem Ambiente. Öffnungszeiten Di–Sa ab 17 Uhr, So ab 10 Uhr, Mo Ruhetag.

2 Der Waldsee

Vom Dreckloch zum Badesee

Ein kleiner See im Wald, Badelaken liegen auf einer Wiese, es riecht nach Sonnenöl und Urlaub. Hölzerne Umkleidehäuschen, Duschen auf der Wiese, eine saubere Toilettenanlage. An einer Imbissbude gibt es Eis und Fritten. Im Wasser paddeln Kinder auf einem Surfbrett. Ganz und gar idyllisch.

Aber das war nicht immer so. An dieser Stelle staubte und krachte es vor 85 Jahren ganz gewaltig. Riesige Baggermaschinen rissen die Erde auf, große Kräne beluden Transportloren mit dem Roherz, das hier aus einer über zehn Meter tiefen Tagebaugrube gefördert wurde. Das gewonnene Gestein wurde zur Rheinböllerhütte gebracht und dort verarbeitet.

Begonnen wurde der Tagebau in der Grube »Neufund« im Jahr 1824, und 1933 war Schluss mit dem Abbau, es erfolgte die Beseitigung der Betriebsanlagen und die Sicherung des Geländes. Der Stollen, der die Grube wasserfrei gehalten hatte, wurde geschlossen, und so lief das Loch voll. Eine Quelle in der Grube, der Niederschlag und kleine Bäche vom nahe gelegenen Soonwald taten ihr Übriges, sodass das Loch bald zum See wurde.

Doch kein Mensch dachte damals an einen Erholungsort. 1970 wurde eine intensivere, touristische Nutzung angestrebt und neben dem See ein Campingplatz errichtet. Dann entdeckte man den See als Badegewässer.

Heute ist dieser kleine Waldsee ein idyllischer, ruhiger Erholungsort, als Badesee in der ganzen Region bekannt. Die Wasserqualität ist so gut, dass er zum wiederholten Mal mit der höchsten Qualitätsstufe ausgezeichnet und zugleich in die Liste der europäischen Badegewässer aufgenommen wurde. In der Badesaison wird er zum Schutz der Badegäste alle 14 Tage von Fachleuten unter anderem auf Sauerstoffgehalt, Trübung und unliebsame Bakterien hin überprüft. Der Argenthaler Waldsee ist somit der schönste, naturbelassene Badesee im Vorderhunsrück.

Adresse 55469 Argenthal | **Anfahrt** in Argenthal von der Chur-Pfalzstraße in die Waldseestraße einbiegen, circa 1,5 Kilometer | **Tipp** Im Restaurant Haus am Waldsee (Di–So von 11–22 Uhr) gibt es am Wochenende die berühmten Hunsrücker »gefüllten Klöße«.

3 Der Schleifer

Wo im Liegen gearbeitet wird

An der Deutschen Edelsteinstraße liegt die historische Edelsteinschleiferei von Herrn Biehl. Die unscheinbaren Gebäude, zum Teil durch Eternitschindeln verschandelt, verbergen historisch Wertvolles. Das Wasser für den Mühlbetrieb kommt vom gestauten Fischbach. Wenn das Wehr geöffnet wird, rauscht es auf das alte eiserne Mühlrad, dessen Achse in die Mühle führt und Leben in eine Bude bringt, in der die Zeit stehen geblieben ist: Es klappert und rappelt, es ächzt und quietscht in der Mühle am rauschenden Bach. Die Achse dreht ein Rad, auf das ein Transmissionsriemen aus Leder gespannt ist. Dieser wird bis unter die Decke geführt und dreht dort eine Welle, an der mehrere hölzerne Räder montiert sind. Von dort gehen kleinere, schmalere Riemen ab, einer setzt den Schleifstein in Bewegung, ein anderer betreibt ein Stromaggregat. Ein Amperemeter zeigt an, wie viel Strom gerade produziert wird, er reicht für eine weitere Besonderheit: An der Holzbalkendecke brennt eine Kohlenfadenglühbirne, sie soll 100 Jahre auf dem Sockel haben und wurde noch nie ausgewechselt.

Vor dem Schleifstein steht ein Schemel, er sieht aus wie ein durchgesägter Baumstamm. Auf ihn legt sich Herr Biehl mit dem Kopf voran und schleift einen Achat. Das Wasser, das er benötigt, steht in einem Blechtopf über dem Schleifstein und wird nach Bedarf aus einem Gummischlauch gezogen. Neben dem rotierenden Stein, da, wo das Wasser versickert, wächst Farn aus dem Boden. An der Wand hängen seltsame stockfischähnliche Gebilde, es sind Speckschwarten, mit denen das große Rad geschmiert wird.

Seit dem Mittelalter werden im Hunsrück Edelsteine geschliffen. Die heutigen Mineralienfunde decken den Bedarf nicht mehr, aber für Hobbymineralogen und Geologen gibt es immer noch interessante Fundstellen. Fündig wird man auch bei Herrn Biehl. Die fertigen Schmuckstücke können in dem Raum neben der Schleiferei besichtigt und gekauft werden.

Adresse an der Deutschen Edelsteinstraße, 55758 Asbacherhütte | **Anfahrt** von Kempfeld kommend auf der L 160 Richtung Herrstein, Abfahrt Campingplatz Harfenmühle, Parkplatz vor der Schleife | **Öffnungszeiten** Schleife Do–Di 9–17.30 Uhr, Mi Ruhetag (außer an Feiertagen) | **Tipp** Herrstein, das Hunsrücker Fachwerkstädtchen, ist besonders sehenswert. Ein Bummel durch die malerischen Gassen mit den mittelalterlichen Türmen lohnt sich auf jeden Fall (www.herrstein.de).

4 Die Brückenhäuser

Ponte Vecchio über der Nahe

Ziemlich selten dürfte es in Deutschland sein, dass der älteste Teil einer Stadt »die Neustadt« heißt. In Bad Kreuznach ist das so. Historisch klingt das so: Es gab vor langer Zeit zwei Siedlungen rechts und links der Nahe, durch kriegerische Auseinandersetzungen wurden sie zerstört. Graf Gottfried III. von Sponheim ließ darauf Anfang des 13. Jahrhunderts eine neue Stadt bauen, die jetzt zwar der älteste Teil von Bad Kreuznach ist, aber »Neustadt« genannt wird.

Ebenfalls fast einmalig in Deutschland dürften die Brückenhäuser sein, die auf der Nahebrücke stehen. Sie verbindet die Neustadt mit der sehenswerten Altstadt. Die Brückenhäuser wurden 1595 zum ersten Mal erwähnt und sind auf den Pfeilern der alten Brücke von 1300 errichtet. Der Vergleich mit dem Ponte Vecchio in Florenz hinkt zwar, etwas kleiner ist die Angelegenheit hier schon, aber genauso malerisch und architektonisch faszinierend. Die Holzbalken, die die Häuser tragen, ruhen im wuchtigen Fundament eines Steinsockels, der wie ein Schiffsbug spitz zulaufend ins Wasser ragt. So werden bei Hochwasser anschwimmende Baumstämme und anderer Unrat abgelenkt und vorbeigeleitet, ohne dass sie Schaden anrichten. Was auffällt: Die Brückenhäuser werden nach oben hin nicht schmaler, sondern Stockwerk um Stockwerk breiter.

Im Gegensatz zur Brücke entstanden die Brückenhäuser erst zwischen 1575 und 1625. In einem der Häuser befand sich die Schwanenapotheke, die 1784 bei einem Eisgang völlig zerstört wurde – der Apotheker kam dabei ums Leben. Am 16. März 1945 wurde die Brücke von der deutschen Wehrmacht gesprengt, um den Vormarsch der Amerikaner aufzuhalten.

Hohe Wellen schlug ein Brandanschlag auf das Wahrzeichen von Bad Kreuznach. Vor ein paar Jahren wollte ein Mann eines der Brückenhäuser anzünden. Er wurde jedoch kurz vorher von der Polizei festgenommen und der Anschlag dadurch in letzter Minute verhindert.

Adresse Mannheimer Straße, 55545 Bad Kreuznach | ÖPNV DB, Haltestelle Bahnhof | Anfahrt vom Hunsrück kommend die B 421, dann die L 41 bis Kreuznach, von der Salinenstraße auf den Parkplatz Neuruppiner Platz, in der Stadtmitte den Schildern »Brückenhäuser« folgen | Tipp Im denkmalgeschützten Kurpark liegen die crucenia thermen, die Heilkraft der Sole war schon den Römern bekannt. Öffnungszeiten Mo–So 8–21 Uhr.

5 Das Gradierwerk

Eine frische Meeresbrise

Salz galt schon bei den Römern als Geschenk der Götter. Im Mittelalter wurde es als weißes Gold bezeichnet und mit Edelsteinen aufgewogen. Es wurden sogar Kriege darum geführt. Auf den »Salzstraßen« wurden nur kostbare Waren befördert: Gold, Silber und Gewürze, zum Beispiel Salz.

Aber vor dem Transport musste es gewonnen werden, in Salinen, in Bergwerken und am Meer. In Bad Münster am Stein wurde salziges Quellwasser zum Verdunsten über Gradierwerke geleitet. Bis ins 19. Jahrhundert war Münster am Stein ein Ort mit wenig Erwerbsmöglichkeiten: etwas Landwirtschaft, die Nahefischerei und die Salzgewinnung. 1817 jedoch entdeckte ein Arzt die Heilkraft der Salzquellen, er erkannte, dass die Gradierwerke eine gesundheitsfördernde Wirkung besaßen, und es entwickelte sich ein beachtlicher Kur- und Badebetrieb.

Die Gradierwerke scheinen aus einer anderen Zeit zu stammen. Altmodisch, aber effektiv verbreiten sie gesunde Luft. Mehrfach geschichtete Schwarzdornhecken werden mit Quellwasser berieselt, so verdunstet es auf natürliche Weise. Eventuelle Trubstoffe bleiben in den Dornen hängen, was zur typischen dunkelbraunen Farbe des Reisigs führt. Durch die herabrieselnde Sole wird die Luft mit Salz angereichert, Staubpartikel werden gebunden, Asthmatiker und Pollenallergiker können wieder tief durchatmen, wie bei einem Spaziergang am Meer. Wer genug gesunde Luft geatmet hat, kann zur Trinkkur übergehen. Im 1911 errichteten wunderschönen Jugendstil-Fachwerkbau mit seiner Brunnenhalle sprudeln die Quellen. Hinter dem Kurmittelhaus ist gleich die Nahe, hier verlief einst die Grenze zwischen Preußen und Bayern. Die Fähre, die den kleinen Fluss quert, wird mit der Hand gezogen und bringt die Menschen auf die andere Seite: zu Wanderwegen und dem steil aufragenden Felsen, dem Rheingrafenstein, der Namensgeber für Bad Münster am Stein war.

Adresse Kurhausstraße, 55583 Bad Münster am Stein | Anfahrt vom Hunsrück kommend die B 421, dann in Martinstein auf die L 41 bis Bad Münster am Stein | Öffnungszeiten April–Nov. jederzeit zugänglich | Tipp Im Stadtteil Ebernburg befindet sich das einzige zeitgenössische Skulpturenmuseum der Welt. Öffnungszeiten März–Okt Sa, So, Feiertage 14–17 Uhr.

6 Der Soonwald

Der Jäger aus Kurpfalz, ein Schürzenjäger?

»Die Jagd ist eine Nebenform menschlicher Geisteskrankheit.« Dieser Satz des ehemaligen Bundespräsidenten Theodor Heuss war ein Affront für die gesamte Jägerschar, und diese Feststellung hätte auch der Jäger aus Kurpfalz bestimmt nicht gern gehört.

Friedrich Wilhelm Utsch, 1732 in Rheinböllen geboren, war Förster und Forstinspektor im Soonwald, der damals in einem sehr schlechten Zustand war, denn Kühe und Schweine wurden einfach zum Weiden und Fressen in den Wald getrieben. Außerdem hatten die Köhler große Teile des Waldbestandes gerodet, sodass fast keine Holzerträge mehr erwirtschaftet werden konnten. Utsch musste nun als Forstinspektor die neue kurpfälzische Waldverordnung durchsetzen. In zähen Verhandlungen mit Gemeinden und Bauern schaffte er es, den Wald für alle Beteiligten wieder ertragreich zu machen. Dafür bekam er 1913 von Kaiser Wilhelm II. posthum ein Denkmal gesetzt. Der Kaiser kam sogar höchstpersönlich zur Einweihung in den Soonwald, allerdings fand er das Denkmal ein bisschen klein.

Hier im Soonwald wurden in den 1950er Jahren noch Staatsjagden abgehalten. Während der Diplomatenjagd wurde so manch kapitaler Hirsch erlegt und mancher Bock geschossen. Gar nicht diplomatisch geht es im Lied vom Jäger aus Kurpfalz zu, er schießt das Wild daher, gleich wie es ihm gefällt. Ja, können sich denn die hohen Herren Jäger alles erlauben? Aus der dritten und vierten Strophe des Liedes, die in Liederbüchern übrigens nicht erscheinen, geht hervor, dass sie es können. Und nicht nur Hirsche schießen diese Jäger, im Lied ist zwischen den Zeilen etwas vom Schürzenjäger zu hören:

»Hubertus auf der Jagd, der schoß ein'n Hirsch und einen Has er traf ein Mägdlein an, und die war achtzehn Jahr … des Jägers große Lust, den hohen Herren ist bewusst jawohl, jawohl bewusst, wie man das Wildbret schuß.«

Adresse 55566 Bad Sobernheim-Entenpfuhl | **Anfahrt** von Simmern Richtung Gemünden auf der L 162, in Gemünden auf die L 229 | **Tipp** Das Treppensteigen lohnt sich, der Aussichtsturm Alteburg ist der Punkt mit der schönsten Sicht über den Soonwald.

7 Pferdsfeld

Ein modernes Märchen

Es war einmal ein kleines Dorf im Hunsrück. Schon ganz früh müssen hier Menschen gewohnt haben, denn man fand ein Fürstengrab aus der Zeit der Treverer, die um 100 nach Christus die Gegend bevölkert haben. Die erste urkundliche Erwähnung war 1295. Zu dieser Zeit war man in Köln damit beschäftigt, eine große Kirche zu bauen, die später einmal Kölner Dom genannt werden sollte. In Pferdsfeld auf dem Hunsrück aber waren die Leute damit beschäftigt, satt zu werden. Sie hielten Vieh und betrieben Landwirtschaft, was bei den kargen Böden des Hunsrücks nicht immer einfach war. Das kleine Dorf wurde im Lauf der Zeit größer und bekam immer mehr Einwohner. Die bauten sich dann auch eine Kirche. Sie wurde – im Gegensatz zum Kölner Dom – schnell fertig.

Etwas später, 1913, kam Kaiser Wilhelm II. ganz nahe an Pferdsfeld vorbei, als er im Soonwald das Denkmal des Jägers aus Kurpfalz einweihte. Wieder ein paar Jahre später, um genau zu sein, 1939, baute man einen Flugplatz für den kommenden Krieg. Als dieser schon fast vorüber war, kamen die Amis und zerstörten viele Häuser. Die Pferdsfelder aber bauten ihre Häuser wieder auf, so schön, dass sie 1974 sogar einen Preis beim Wettbewerb »Unser Dorf soll schöner werden« bekamen. Der Ort erhielt aber auch noch den Titel »Das lauteste Dorf Deutschlands«, denn in Sichtweite war ein NATO-Flugplatz entstanden. Eine Lärmschutzkommission stellte fest, dass der Fluglärm den Pferdsfeldern nicht länger zumutbar sei. Man siedelte sie kurzerhand um in eine neue Siedlung, die extra für die Pferdsfelder in Bad Sobernheim gebaut worden war. Dann kamen die Bagger und ebneten das Dorf Pferdsfeld ein. Nur die Kirche blieb noch eine Weile stehen. Dann wurde 1989 die Mauer in Berlin abgerissen, und man meinte, jetzt sei der Flugplatz ja nicht mehr nötig. Nur der Kölner Dom steht immer noch. Und einmal im Jahr treffen sich die Pferdsfelder auf dem Boden des ehemaligen Dorfes und erzählen von früher.

Adresse 55566 Bad Sobernheim-Pferdsfeld | **Anfahrt** von Gemünden aus die L 229 bis Flugplatzgelände, dort über Wirtschaftswege zum ehemaligen Ort | **Tipp** Wo früher die Ortsmitte war, plätschert ein Brunnen, daneben steht eine Gedenkstele für den Pfarrer Paul Schneider, den »Prediger von Buchenwald«, der wegen seines Widerstands gegen das Regime von den Nazis umgebracht wurde.

8 Der Erlebnispark

Zum Schluss kommt der Wolf

Auf den ersten Blick ist es ein Tierpark wie jeder andere: bunte Papageien, Waschbären, zottige schottische Hochlandrinder, putzige Erdmännchen. Dann kommen die Kamele, drei an der Zahl. Wenn man die Geschichte dieser drei Wüstenschiffe hört, merkt man, dass man nicht in einem normalen Tierpark gelandet ist. Die Kamele wurden von Schweizer Behörden aus einem Zirkus sichergestellt, weil sie sich in einem verwahrlosten Zustand befanden. Die Besitzer des Beller Tierparks kümmerten sich um sie und päppelten sie auf, und nun kann man sie in ihrem neuen, großzügig angelegten Stall mit großem Auslauf bewundern. In einem anderen Zoo wurden die Kattamännchen von ihren Weibchen jeden Tag attackiert und schließlich verstoßen. Man holte die armen malträtierten Kerle nach Bell. Die Huskys und auch viele andere Tiere sind aus Heimen oder Auffangstationen übernommen worden, man kann für ein paar Euro eine Patenschaft für sie übernehmen. Ein großer hoher Zaun lässt auf ein wildes, gefährliches Tier schließen. Sehen kann man den selten gewordenen sibirischen Tiger am besten bei der Fütterung.

Dann kommt der Wolf. Ihn lockt man auf Knopfdruck heraus: An einem kleinen Holzhaus bleiben die Kinder fasziniert stehen. Hinter einer Glasscheibe befindet sich ein Zimmer, eingerichtet im Stil der 50er Jahre. Sieben Geißlein sind zu sehen, alle haben sich versteckt, unter dem Bett, hinter dem Schrank, und der böse Wolf schaut ins Zimmer. Auf Knopfdruck werden nun einige Geißlein und der Wolf lebendig. Ein Geißlein dreht auf einer Scheibe Pirouetten, der Wolf bewegt den Kopf, und eine Stimme aus dem Lautsprecher erzählt das bekannte Märchen. Das ist alles, aber die Kinder stehen fasziniert vor diesem altertümlichen Märchenerzählautomaten und wollen gar nicht mehr weg. Kamele und andere Tiere kennt man ja aus dem Fernsehen, aber so ein Kasten, der ist toll.

Adresse Am Markt 1, 56288 Bell, www.tier-erlebnisparkbell.de | Anfahrt von der B 327 nach Bell abbiegen, den Hinweisschildern folgen | Öffnungszeiten Mi–So 10–18 Uhr | Tipp Vom Aussichtsturm in Bell hat man einen herrlichen Blick über den Vorderhunsrück.

9 Der Friedensacker

Die Friedensbewegung im Hunsrück

Der Hunsrück war in den 1980er Jahren als der »Flugzeugträger der NATO« bekannt. An vielen Stellen wurden militärische Objekte errichtet: Flugplätze, Munitionslager, Kasernen, Bunker, Fahrzeugdepots und Raketenabschussbasen. Man vermutete damals, dass in Rheinland-Pfalz das größte Atomwaffenarsenal der Republik lagerte. Wenn nicht sogar der ganzen Welt.

Von den Cruise-Missiles gab es 96 Stück im Hunsrück. Es waren Raketen mit Atomsprengköpfen, die im Ernstfall nach Osten geschossen worden wären. Natürlich standen im Osten auch Raketen, die im Ernstfall nach Westen geflogen wären, und hier wie da wären unendlich viel Leid und Zerstörung entstanden. Gegen diese menschenverachtende Aufrüstung hatten viele etwas, und es formierte sich im Hunsrück großer Widerstand: Die Hunsrücker Friedensbewegung entstand. Zuerst waren es kleinere Demos, die aber immer friedlich verliefen. An der B 327, der Hunsrückhöhenstraße, stellte die Friedensbewegung 96 Holzkreuze auf einen Acker, den Friedensacker, für jede Rakete ein Kreuz. Die politischen Fronten verhärteten sich, der Kalte Krieg drohte zu einem heißen Atomkrieg zu werden. Dann 1986 eine riesengroße Demo mit fast 200.000 Menschen. So viele Menschen hatte der Hunsrück noch nie auf einmal auf seinem Buckel gehabt. In Zeiten der eskalierenden, gewalttätigen Demos – damals in Wackersdorf, mit vielen Verletzten und sogar Toten – war man gespannt auf diese Großdemonstration und ihren Ausgang. Und dann das Wunder: keine Ausschreitungen, keine Stahlkugeln, kein Wasserwerfereinsatz, keine verletzten Polizisten und keine verletzten Demonstranten. Alles blieb friedlich.

Drei Holzkreuze auf dem ehemaligen Friedensacker, direkt neben der B 327, erinnern noch heute an diese bewegte Zeit. Und im Ort Bell am Ortseingang nimmt die Kuh auf einer Hauswand die Raketen auf die Hörner und zertrampelt sie mit den Hufen, ein symbolträchtiges Bild.

Adresse 56288 Bell | Anfahrt Hunsrückhöhenstraße, Abfahrt Bell, auf der L 204 in den Ort, am Ortseingang steht ein landwirtschaftliches Gebäude, darauf ist die Kuh zu sehen, die drei Kreuze sieht man am besten von der Straße aus | Tipp Besuchen Sie den Tier-Erlebnispark, hier besteht die Möglichkeit, bei den Tiertrainings zuzuschauen. Öffnungszeiten Mi–So und feiertags von 10–18 Uhr, www.tier-erlebnisparkbell.de

10 Der Barockgarten

Zwei Flaschen für den Bischof

Der Barockgarten in Hirzenach ist ein Kleinod unter den rheinland-pfälzischen Gartenanlagen. Das ganze Ensemble macht einen prächtigen Eindruck: im Hintergrund die noch vor 1110 errichtete Pfeilerbasilika Sankt Bartholomäus und rechts ein barockes Gebäude, die Propstei, die 1716 fertiggestellt wurde.

Dieses reizvolle Architekturensemble steht seit 1992 als »Denkmalzone Ehemalige Propstei Hirzenach« unter Denkmalschutz. Während der französischen Besatzung im 18./19. Jahrhundert wurden alle adligen und kirchlichen Gartenanlagen zerstört. Nicht so in Hirzenach. Deshalb ist der Propsteigarten auch von großer gartenhistorischer Bedeutung.

Aber große Bedeutung hin oder her: In den 1990er Jahren verwilderte der Garten immer mehr, es war keiner mehr da, der ihn pflegen mochte. Da gründeten ein paar beherzte Hirzenacher Gartenfreunde den »Förderverein Propsteigarten Hirzenach e. V.«. Seine Mitglieder führen Pflege- und Verschönerungsarbeiten durch, die Beete sind an Hirzenacher Einwohner verpachtet. In den Beeten gedeihen Tomaten, Zwiebeln und Kartoffeln. Man kann sich durch verschiedene Küchenkräuter schnuppern, und es wurde sogar ein Apothekergärtchen angelegt. Tatsächlich wachsen wieder Reben auf den Terrassen, und wenn der Wein geerntet und in Flaschen abgefüllt ist, fahren die Hirzenacher Gärtner nach Trier und überreichen dem Trierer Bischof zwei Flaschen vom Wein des Propsteigartens, das hatte man vor langer Zeit so ausgemacht.

Es macht Spaß, mit einem Glas Wein durch den Garten zu schlendern und sich mit den Hirzenacher Gartenfreunden zu unterhalten. Meistens springen dabei noch ein paar wertvolle Tipps für den eigenen Garten heraus. Und wenn wegen der vorbeirauschenden Züge kein Gespräch mehr möglich ist … »Na ja«, sagt ein Hirzenacher, »in der Zeit kann man ja einen Schluck Wein trinken.« Es sind viele Züge, die am Hirzenacher Propsteigarten vorbeidonnern.

Adresse Propsteistraße 3, 56154 Boppard-Hirzenach | Anfahrt von der B 327 in Emmelshausen am Kreisel abbiegen auf die L 206 Richtung Karbach, von da auf die L 213 nach Holzfeld, dann der Beschilderung Hirzenach bis Rheinstraße folgen | Tipp In Emmelshausen befindet sich das Agrarhistorische Museum (Rhein-Mosel-Straße 9–11). In einem wiederaufgebauten Hunsrücker Bauernhaus werden Arbeitsgeräte aus Vergangenheit und Gegenwart ausgestellt. Öffnungszeiten 29. März–1. Nov. Fr 16–19 Uhr, Sa, So 14–17 Uhr.

11 Die Eremitage

Ein Mann sieht rot

Kurz bevor der aus dem Hunsrück kommende Guldenbach in die Nahe fließt, kommt er am Felsenkloster vorbei. Bei diesem Begriff denkt man unwillkürlich an Klöster in Mittelmeerländern, man sieht vor seinem geistigen Auge auf steilen, meerumtosten Felsen Mönche mit langen Bärten stehen. Der Ort diente schon in vorchristlicher Zeit als heidnische Kultstätte, er wurde in frühchristlicher Zeit umgewidmet und 1034 nachweislich als christliche Kirche erwähnt.

Das Felsenkloster wird unter Fachleuten als einmalig nördlich der Alpen angesehen. Der rote Sandstein ist typisch für die Gegend, in ihn wurden Treppenstufen gehauen, aus ihm wurden Pfeiler herausgemeißelt, Fenster herausgeschlagen, und links neben den drei unteren Eingängen erkennt man schemenhaft im roten Fels das verwitterte Relief eines Ritters. Man weiß nicht, wer es sein soll, aber der Ritter könnte hier, in diesem überdachten Felsengrab, liegen.

Oben, sozusagen in der zweiten Etage, ist ein Kreuz zu sehen, und im roten Stein sind drei Felsanker zu erkennen. Mit ihnen hat es folgende Bewandtnis: Anfang des 18. Jahrhunderts wurde eine neue Kirche gebaut, die sich als Wallfahrtsort gut entwickelte und von drei in den Felsen wohnenden Eremiten betreut wurde. Von der Kirche ist nichts mehr zu sehen, und auch die Felsenwohnung steht seitdem leer. Erst 1993 begann man mit Sicherungsmaßnahmen. Da der Felsen durch einwachsende Bäume und Sträucher brüchig wurde und Wasser eindrang, musste umfangreich saniert werden. Man setzte 30 Meter tiefe Felsanker, um das Gestein zu sichern. Das Innere der Anlage besteht aus einer 90 Quadratmeter großen Wohnung, deren Räume klösterliche Namen wie Dormitorium, Oratorium und Refektorium haben.

Auch der Tod des letzten Eremiten hatte mit Sanierungsarbeiten zu tun: Als er einige Felsen sichern wollte, stürzte er aus großer Höhe ab und starb an inneren Verletzungen.

Adresse 55559 Bretzenheim | ÖPNV DB RB Bingen Kreuznach, Haltestelle Bretzenheim, ausgeschilderter Wirtschaftsweg vom Ort aus zur Eremitage | Tipp Die Straußwirtschaften im Ort bieten einheimische Weine, Sekte und Liköre an und halten deftige saisonale Gerichte bereit. Zur Weinlesezeit gibt es auch den Federweißen im Angebot.

12 Der Hexenstein

Wer sich ihm nähert, wird verhext

Ein Weg führt von der Siedlung Maiermund zuerst an Äckern vorbei, dann durch einen niedrigen Krüppeleichenwald. Riesengroß soll sie sein, ihre Nase ebenso. Plötzlich taucht sie zwischen Eichenbäumen auf.

Auf einem Bergkamm steht sie, die »Maiermunder Hexe«, zu sehen sind Kopf, Schultern und Rücken, von Moos bedeckt, die Nase eher flach, die Mundwinkel nach unten gezogen, schmollt sie etwa? Ach was, Hexe. Es ist ja nur ein mit Moos überwachsener Quarzstein, mit gelben Schwefelspuren an der Unterseite. Acht Meter ist er hoch, sein Fuß hat einen Durchmesser von etwa 15 Metern. Nach oben hin verjüngt sich der Fels, um oben noch einmal wie ein Kopf etwas in der Breite auseinanderzugehen. In seinen Spalten gedeihen grüne und weiße Flechten.

Die Sage um diesen Stein ist schnell erzählt: Die Dörfer Raversbeuren und Briedel hatten Streit um ein Stück Land. Der Grenzverlauf war nicht genau bekannt und sollte neu bestimmt werden. Da hatte der Briedeler Schöffe eine Idee: Er streute sich Briedeler Boden in seine Stiefel und ritt mit Priester und Advokat zum Treffen der Hunsrücker Bauern. Er stieg vom Pferd und schwor beim Priester auf die Bibel, dass er genau hier noch auf Briedeler Gemarkung stehe, obwohl er wusste, dass das Land den Bauern von Raversbeuren gehörte. Als er den Schwur abgelegt hatte, kam aus der Gruppe der Bauern ein riesiges altes Weib mit einem Kopftuch auf ihn zu und sagte: »Da du einen Meineid geschworen hast, sollst du keine Ruhe mehr finden, du sollst so lange um die Briedeler Gemarkung reiten, bis das unrechte Gut wieder zurückgegeben ist.« Der Schöffe ritt nach Hause, kam aber nie dort an. Als man ihn suchte, fand man an der neuen Grenze einen seltsamen hohen Felsen, der da noch nie gestanden hatte und aussah wie eine Frauengestalt. Da sagten die Leute, das sei die Hexe, die aufpasse, ob der Schöffe auch den richtigen Weg einhalte.

Adresse 56850 Briedel-Maiermund | Anfahrt von Kappel von der B 327 auf die L 193 wechseln, nach Raversbeuren fahren, am Wirtschaftsweg beim Friedhof parken und den Wanderschildern »Hex« folgen | Tipp Von Raversbeuren auf der B 53 zum »Cafe Auszeit« im Geflügelhof Kneip fahren. Leckere selbst gebackene Kuchen, frische Eier und Geflügelspezialitäten warten auf die Gäste (Tel. 06543/807, Öffnungszeiten Fr 14–18 Uhr, Sa, So 10–18 Uhr).

13 Balduinseck

Ein Burgberg wird rasiert

Burg Balduinseck ist eine wuchtige, imposante Ruine, deren Mauerstärke 2,5 Meter beträgt. Vier Stockwerke hoch, viele Fenster in den hohen Mauern, einige Erker sind zu erkennen, vier Türme lassen sich eher erahnen. Sie liegt auf einem etwa 25 Meter hohen Bergsporn aus Schiefergestein. Noch steht ein hohes Stahlgerüst an der Ruine, umfangreiche Sanierungsmaßnahmen sind im Gange. Deshalb sind im Innenbereich der Burg keine Ritterrüstungen und Kanonen zu entdecken, sondern Betonmischgeräte und diverses Handwerksgerät. Der letzte Schritt im Rahmen der Sanierung wird der Kahlschlag des Burgberges sein. Alle Burgen, die auf Bergen gebaut waren, hatten weder Büsche noch Bäume um sich herum, Burgberge waren entblößt, man wollte doch früh genug sehen, wer zu Besuch erschien.

Der Burghof ist heute ein idealer Platz zum Picknicken. Die abgeschiedene Lage der Burg – weitab von jedem Trubel und den sonst anwesenden Souvenirständen und Getränkebuden an anderen Burgen – lädt ein zum Nachdenken, Durchatmen und Seelebaumeln-Lassen. Dabei hilft einem das Plätschern der zwei Bäche, die unterhalb der Burg zusammenfließen.

Obwohl im Lauf ihrer Geschichte die Besitzer und die Verwalter öfter wechselten, gibt es keine Geschichten um die Burg. Keine Sage, keine überlieferte Anekdote, kein Märchen, und auch von einem Burggespenst ist nichts bekannt. Allein durch ihre Größe, 55 Meter Länge und 20 Meter Breite, hätten hier aber mindestens drei Burggespenster Platz, um sich auszutoben. Sie könnten durch die neun noch sichtbaren Kamine fegen und mit Geheul die Wendeltreppe hinauf- und hinunterpoltern. Im Innern der Burg ist an einigen Stellen des Mauerwerkes in acht Meter Höhe noch der weiße Innenverputz zu sehen, bemalt mit Sprüchen, Herzchen und Graffiti. Das waren bestimmt auch die Gespenster. Denn den Menschen ist das doch zu gefährlich, in schwindelnder Höhe »Maike, I love you« hinzupinseln.

Adresse 56290 Buch | **Anfahrt** bei Kastellaun von der B 327 auf die L 204 Richtung Buch, dann Richtung Mastershausen, im Tal vor der Burg ist eine Parkgelegenheit | **Tipp** In der Gaststätte »Zum Balduinseck«, Hauptstraße 17, gibt es eine Hunsrücker Spezialität, und zwar die mit Hackfleisch gefüllten Kartoffelklöße, die mit Sahnesoße und Apfelkompott serviert werden. Öffnungszeiten Do–Mo ab 18 Uhr, Di, Mi Ruhetag.

14 Der Viadukt

Steilste Eisenbahn zum Hunsrück

Während die Aktien in Deutschland mal wieder nach unten gehen, geht es mit der Hunsrückbahn steil bergauf. So steil, dass diese Bahnstrecke in Deutschland als die steilste fahrplanmäßig betriebene Bahnstrecke nördlich der Alpen gilt.

Gebaut wurde sie schon 1906, es war damals eine technische Meisterleistung, denn das Besondere an der Strecke Buchholz – Boppard ist der große Höhenunterschied, den die Hunsrückbahn zu überwinden hat. Früher fuhren hier natürlich Dampflokomotiven, die aber im Lauf der Zeit immer wieder durch modernere Fahrzeuge ersetzt wurden: In den 60er Jahren waren es die roten Schienenbusse, heute verkehren hier neue Diesel-Triebwagen, Regio-Shuttle genannt.

Ab Boppard, mit 76 Metern der tiefste Punkt der Strecke, fährt die Bahn bis Buchholz, mit 404 Metern der höchste Punkt. 8,5 Kilometer lang ist die Strecke, die an einigen Stellen bis zu sechs Prozent Steigung aufweist, es geht durch fünf Tunnel und über zwei Viadukte. Der eindrucksvollste Bau ist der Hubertus-Viadukt. Er ist eine in einer Kurve geführte Brücke mit sechs Öffnungen auf einer Länge von 150 Metern. 50 Meter hoch ist die sogenannte Hubertusschlucht-Brücke, damals war sie eine der höchsten Steinbogenbrücken in Deutschland. Die Steine für dieses Bauwerk wurden am Neckar gebrochen. Die Brücke zeigt, dass die Bahnlinie von großer Bedeutung war, denn der Hunsrück war im 19. Jahrhundert gegenüber anderen Regionen ins wirtschaftliche Abseits geraten. Der Bau der Bahnlinie sollte Abhilfe schaffen. Bahnlinien an Flussläufen zu bauen war damals kein großes Problem, schon 1860 fuhren an Rhein und Mosel Züge, aber diese Strecke hier zu bauen erforderte ganze Ingenieurskunst.

Die Strecke Boppard–Emmelshausen ist immer noch in Betrieb, Pendler und Schüler nutzen den Zug, und Touristen erleben hier eine der schönsten Bahnstrecken Deutschlands.

Adresse 56154 Buchholz | **Anfahrt** Gleich neben der B 327 in Buchholz ist der Bahnhof mit den Parkplätzen. | **Tipp** Hier beginnt der Wanderweg zum Viadukt und zu den schönsten Aussichten auf die Bahnstrecke, er führt dann an den Rhein nach Boppard, wieder hoch fährt man mit der Bahn.

15 Die Grube Herrenberg

Ein Fall für den Sicherheitsbeauftragten

An der Stelle, an der das Gelände der Grube beginnt, steht links eine verrostete Lore, rechts ist ein steiler Abhang, voll mit blau glänzendem Schieferabraum. Eintrittskarten für die Besichtigung der ehemaligen Schiefergrube gibt es am Kiosk.

Das Anpassen der gelben Schutzhelme löst bei den Besuchern Heiterkeit aus, die dann aber etwas gedämpft wird, wenn es durch den engen, niedrigen und zugigen Eingang des Bergwerks geht. Nach 50 Metern öffnet sich der Stollen, wird höher und weiter. In diesem Raum steht die lebensgroße Puppe eines Bergarbeiters im blauen Feiertagsanzug, mit silbernen Knöpfen in Zweierreihe und einer Feder am Hut.

Ein kundiger Führer erzählt über die Geschichte der Grube. Stählerne Winden mit groben Zahnrädern und Kurbeln stehen am Rand eines 20 Meter tiefen Lochs. Es ist eine Grube in der Grube, in die eiserne Schienen führen. Ganz unten zwei nur schemenhaft wahrzunehmende Bergleute aus Plastik. Ein beleuchteter, nasser Gang mit glitschigen Wänden führt zur nächsten Station der Führung. Unterwegs immer wieder kurze Schienenstränge, auf denen kleine verrostende Eisenloren stehen. Helle Quarzadern wechseln sich mit graublauem Schiefer ab, an den Decken haben sich helle Stalaktiten gebildet. Auf einer hölzernen Leiter in schwindelnder Höhe steht, nicht gesichert, eine Figur mit einem Bohrer in der Hand, so werden die furchtbaren Arbeitsbedingungen der damaligen Zeit anschaulich dargestellt. Enge Stollen sind in die Wände getrieben, für Erwachsene zu klein, wurden Kinder zum Arbeiten hineingeschickt. Die Sicherheitsstandards waren minimal, es gab oft Unfälle, und an Folgeerkrankungen wie der Silikose, so erklärt der Führer, starben viele Bergleute.

Zum Schluss sein Hinweis in eigener Sache: In der Schenke gibt es eine deftige »Layenbrecherplatte« und zum Aufwärmen einen hochprozentigen Berggeist.

Adresse 55626 Bundenbach | **Anfahrt** von der E 42 in Büchenbeuren auf die L 192 abbiegen, durch Rhaunen bis Bundenbach, im Ort ausgeschildert | **Öffnungszeiten** April–Okt. Mo–So 10–13 und 14–17 Uhr | **Tipp** Eine Wanderung von hier ins Hahnenbachtal führt zur größten Burgruine im Hunsrück, der Schmidtburg. Auch hier soll sich der Schinderhannes versteckt haben.

16 Die Kelten

Waren es tatsächlich Analphabeten?

Asterix und Obelix müssen ganz in der Nähe sein. Man spürt es, wenn man vor dem Palisadenwall des kleinen keltischen Dorfes steht. Wenn jetzt noch ein kleiner weißer Hund aus dem Eingang …

Auf dem einen Hektar großen Bergplateau nahe Bundenbach liegt die nachgebaute Keltensiedlung Altburg. Dieses einzigartige frühgeschichtliche Freilichtmuseum konnte deswegen so gut restauriert werden, weil im weichen Schiefergestein Gräben und 3.000 Löcher der Holzpfosten von Häusern und Palisaden bei den Ausgrabungen sichtbar wurden.

Ein Holzzaun mit spitzen Pfählen umgibt das ganze Gelände, die Häuser sind 30 bis 40 Zentimeter dick mit Stroh gedeckt. Sie stehen auf dicken Holzstämmen. In der Mitte der Anlage befindet sich zwischen den Hütten eine große Feuerstelle, es fehlt nur der große Topf darüber, in dem der Druide Miraculix seinen Zaubertrank anrührt. Leider hat er das Rezept nicht aufgeschrieben, und das ist typisch keltisch. Das Druidenwissen wurde nur mündlich weitergegeben. Im Innern einer strohgedeckten Hütte sind Wohn- und Arbeitsräume zu sehen, beim Blick an die Decke erkennt man, wie mit Seilen und Schnüren das Stroh auf den Holzbalken befestigt wurde.

Von März bis Oktober werden Führungen durch das Freilichtmuseum angeboten, und man erhält Einblicke in die Geschichte der Anlage. In einem der großen Häuser, hier wird wohl Majestix residiert haben, stehen Schaukästen mit Funden aus der La-Tène-Zeit vom 5. bis 1. Jahrhundert vor Christus. Man kann kunstvoll gearbeitete Schmuckstücke aus Stein und Metall, Fibeln aus Eisen und Gebrauchsgegenstände wie Schüsseln aus gebranntem Ton, geflochtene Weidenkörbe und Trinkgefäße sehen.

Dass die Kelten schon gute Werkzeuge besaßen, zeigt eindrucksvoll ein nachgebauter Webstuhl, und Vorratsgefäße aus Ton, die in einem Brennofen hergestellt wurden. Beim Rausgehen schaut man in die umstehenden Bäume, wo hängt eigentlich der Barde Troubadix?

Adresse 55626 Bundenbach | **Anfahrt** von der E 42 in Büchenbeuren auf die L 192 abbiegen Richtung Rhaunen, in Bundenbach den Schildern folgen | **Öffnungszeiten** April–Okt. Mo–So 10–13 und 14–17 Uhr | **Tipp** Einmal im Jahr findet auf dem Gelände des Keltenmuseums ein Festival mit keltischer Musik und Kostümen statt (www.altburgfestival.de).

17 Der Erbeskopf

In Rheinland-Pfalz ganz oben

Die Sehne des Bogens schnellt zurück, der Pfeil saust durch die Luft und trifft mit ungeheurer Wucht ein Wildschwein, das auf einer Waldlichtung am Erbeskopf steht und schon mehrere Pfeile in der Flanke stecken hat. Das 3-D-Schwein ist aus Plastik und dient den Bogenschützen als Ziel bei einem Wettbewerb im Holzbogenschießen. Doch das ist nicht alles am höchsten Berg von Rheinland-Pfalz. Auf einem Sinnenweg hört man das Gras wachsen und findet sein Gleichgewicht wieder, man fühlt und riecht den Wald, man kann im Trüben fischen. Wo im Winter Ski gelaufen und gewedelt wird, rodelt man im Sommer auf der Sommerrodelbahn. Auf 1.300 Metern Länge, über 40 Stundenkilometer schnell geht es auf der kurvigen Bahn den Abhang hinunter. Im Waldseilgarten schwankt man in schwindelnder Höhe über Seile und schmale Bretter, die an Seilen hängen. Still ist es hier, obwohl viele Jugendliche in den Bäumen unterwegs sind. Konzentration und Fokussierung auf das nächste Hindernis zwingen zur Ruhe, nur beim letzten Akt, der langen, steilen Schussfahrt am Seil hinunter, ist schrilles Adrenalingejubel zu hören.

Bekannt ist der Erbeskopf als Wintersportgebiet. Wer heiß auf Weiß ist, muss hierhin. Wenn auf dem 816 Meter hohen Berg Schnee liegt, findet man auf dem großen Parkgelände nur schlecht einen Platz, an den Nummernschildern sieht man, dass das Saarland heute recht leer sein muss.

Ganz oben auf dem Gipfel hat der Berg eine Glatze, früher standen hier militärische Gebäude, sie wurden bis auf eine Wetter- und Radarstation mit ihrer runden weißen Kuppel abgerissen und sind zu kahlen Asphaltflächen geworden.

Sehr eindrucksvoll am Nordhang ist die begehbare Gipfelskulptur »Windklang«, an der tatsächlich bei einer starken Brise und bei Sturm ein Windsong zu hören ist. Der Erbeskopf, ein spannender Berg, in Rheinland-Pfalz ganz oben.

Adresse Am Erbeskopf, 54411 Deuselbach | **Anfahrt** in Morbach von der B 327 auf die B 269, nach sechs Kilometern abbiegen auf die L 164, Parkplätze am Hunsrückhaus | **Tipp** Die Gulaschsuppe im Bistro des Hunsrückhauses am Erbeskopf ist bemerkenswert. Es wird nur Fleisch von einheimischen Tieren verwendet, und das schmeckt man. Öffnungszeiten April–Okt. Di–So 11–19 Uhr; Nov.–März Di–So 11–16 Uhr.

18 Die Pastorenbirne

Kleiner Ort mit großer Vielfalt

Wer durch das große Eingangstor der Burg Dhronecken schreitet, erlebt eine Überraschung nach der anderen. Wie überall in alten Gemäuern informieren Tafeln über die Geschichte. Auf einer jedoch ist zu lesen, dass hier, auf der Burg Dhronecken – früher Tronecken –, einst Hagen von Tronje, der Mörder Siegfrieds, residierte. Der Schauplatz des Siegfriedmordes liegt der Nibelungensage zufolge auch in der Nähe, nämlich an der Siegfriedquelle, die sich am Erbeskopf befindet. Nicht sagenhaft, aber wahr: Die Burg wurde um 1700 von einem Erdbeben zerstört. Nur ein runder Eckturm blieb stehen, er kann bestiegen werden. Auf den Fundamenten der Burg baute man in der Neuzeit ein großes, schlossähnliches Gebäude, in dem heute das Forstamt untergebracht ist. Hinter dem Burgkomplex wartet die nächste Überraschung: Es geht eine kleine Treppe hinunter, und man gelangt an einen Bach, über den kleine Brücken gebaut sind. Beiderseits des Wasserlaufs ist ein Naturspielplatz angelegt, der seinesgleichen sucht. Eine Wasserfurt mit Springsteinen lädt zu einer spannenden Bachüberquerung ein, hölzerne Stege führen über sumpfiges, naturbelassenes Gelände, es schwirren Libellen und quaken Frösche. Eine schaukelnde Hängebrücke ist über den Bach gespannt, eine Rutschbahn verspricht rasanten Spaß, und aufsteigend in den Hang ist aus mächtigen Steinquadern ein forumartiger Spiel- und Versammlungsort entstanden.

Weiter gehts auf einem Obstbaumlehrpfad, auf dem man unter selten gewordenen Apfel-, Birnen-, Quitten- und Kirschsorten spaziert. Sie wurden gepflanzt, um die ganze Bandbreite der Hunsrücker Obstsorten aufzuzeigen. Die Namen der Früchte zaubern ein Lächeln aufs Gesicht der Spaziergänger. Man wandelt unter einer »Hedelfinger Riesenkirsche«, schaut auf die »Pastorenbirne«, bleibt staunend bei der »Köstlichen von Charney« stehen und stibitzt vielleicht einen »Großen rheinischen Bohnapfel«.

Adresse 54426 Dhronecken | Anfahrt von der B 327 abbiegen, Parkplatz an der Burg | Tipp Das Mineralwasser der Nikolausquelle in Malborn an der B 327 wird bei Vollmond über Edelsteinen abgefüllt.

19 Das Familienarchiv Pies

Woher kommen die abstehenden Ohren?

Ein Blick in den Kinderwagen: »Ach, ist der Kleine süß! Ganz der Vater, aber die Nase hat er von Onkel Ludwig und die abstehenden Ohren von Tante Else.« Der Kleine wird groß und interessiert sich irgendwann für seine Ahnen und dafür, wer ihm seine abstehenden Ohren vererbt hat.

Der Stammbaum der Menschheit an sich ist viele Millionen Jahre alt und sehr weit verzweigt. Ein bunter Haufen von unterschiedlichen Urmenschen tummelte sich einst auf der Erde. Aber bis zum Homo sapiens zurückzugehen, das würde dann doch etwas zu weit führen. Eine Zeitreise zurück ins Mittelalter zur buckligen Verwandtschaft genügt meistens, um herauszufinden, ob vielleicht ein edler Ritter oder ein böser Räuber für die abstehenden Ohren verantwortlich ist.

Den meisten Ahnenforschern reichen die im 15. Jahrhundert eingeführten Kirchenbücher. Sie sind die am meisten benutzten Quellen und *die* Nachschlagewerke in Sachen Familienforschung, da sie Informationen über Taufe, Heirat und Sterbedaten enthalten. Außerdem sind die Eintragungen oft die einzigen Aufzeichnungen, die man von der Existenz einer Person hat, denn sie wurden unabhängig von Stand, Geschlecht oder Vermögen gemacht.

Solch eine Generationenreise zurück zu den Ursprüngen der Familie kann aufwendig sein, oft sind die Verästelungen der verschiedenen Familienzweige für den Laien sehr kompliziert. Um ein verschollenes Familienmitglied aufzufinden, kann man einen Detektiv beauftragen, der genealogische Dienstleistungen anbietet, oder man versucht es privat im Internet. Oder man fährt nach Dommershausen ins Archiv. Es ist im alten Schulhaus untergebracht und mittlerweile weit über den Hunsrück hinaus bekannt. Es umfasst 2.400 Orte mit den Daten vieler Millionen Personen der letzten vier Jahrhunderte. Diese Sammlung ermöglicht Ahnen- und Familienforschern, in kurzer Zeit Stamm- und Ahnenreihen anzulegen.

Adresse An der Kirche 1, 56290 Dommershausen | **Anfahrt** von der B 327 in Kastellaun auf die L 205 Richtung Burgen an der Mosel abbiegen | **Öffnungszeiten** Fr 14–17 Uhr | **Tipp** Wer es geschafft hat, seine Ahnen zu finden, kann im Hunsrückmuseum Simmern (Schlossplatz 1) hören, wie die Vorfahren gesprochen haben (Di–Fr 10–13 Uhr, Sa, So 14–17 Uhr).

20 Das Heilbrünnchen

Hier schmeckt es nach Blut

Es gluckst und plätschert schon von Weitem, zum einen ist es ein kleiner Bach, der durch ein Wiesental läuft, zum anderen plätschert es aus drei Rohren aus dem »Heilbrünnchen«, wie die stark eisenhaltige Quelle im Volksmund genannt wird. Aus über 100 Metern Tiefe sprudelt das Wasser durch den Druck der Kohlensäure nach oben, dabei löst es in dem stark verwitterten Hunsrückschiefer des urzeitlichen Devonmeeres etliche Mineralien.

Der Hunsrück liegt übrigens in direkter Nachbarschaft einer jüngeren vulkanischen Zone, nämlich der des Neuwieder Beckens. Die Steinfassung des Brunnens ist durch das eisenhaltige Wasser rostrot, und wer hier einen Schluck nimmt, meint Blut zu schmecken. Auch der Bach, der in unmittelbarer Entfernung an der gefassten Quelle vorbeiläuft, hat Rottöne im Bachbett, sie sind ein schöner Kontrast zum satten Grün der umliegenden Wiesen.

Der Quellenplatz ist eine der ältesten Volkswallfahrtsstätten im Hunsrück, der Überlieferung nach kannte man die Stelle schon im Mittelalter.

Die Entstehung der Quelle wird folgendermaßen geschildert. Der Hirte und Bauernheilige Sankt Wendelinus, der im heißen Sommer mit seiner Herde und seinem augenkranken Gehilfen hier vorbeikam, war auf der Suche nach Wasser, er fand aber keins, dadurch kam er in arge Bedrängnis, er fürchtete, seine Schafherde müsse verdursten. Vor Erschöpfung schlief er ein. Da erschien ihm die Gottesmutter und hieß ihn die Schäferschippe, die er neben sich in den Boden gerammt hatte, herauszuziehen. Da sprudelte an der Stelle Wasser aus dem Boden, so konnte er seine Herde vor dem Verdursten retten. Der augenkranke Gehilfe wurde geheilt, als er sich mit dem Wasser sein Gesicht benetzte.

Fromme Bürger bauten zuerst einen Bildstock und etwas später ganz in der Nähe des Heilbrünnchens eine kleine Kapelle mit einem Standbild des heiligen Wendelinus.

Adresse 56281 Emmelshausen | **Anfahrt** Von der K 96, die durch Emmelshausen führt, auf die L 104 Richtung Schwall abbiegen, sofort wieder rechts Richtung Friedhof abbiegen, dort parken, beschilderter Fußweg zum Heilbrünnchen circa 1,5 Kilometer. | **Tipp** Im Ort Pfalzfeld ist am alten Bahnhof die berühmte keltische Flammensäule zu besichtigen.

21 Der Knochenflicker

Durch das Piesacken wird man wieder heile

Fast jedem Menschen ist es schon mal passiert. Man bückt sich, um eine Kleinigkeit aufzuheben, oder man dreht sich zur Seite, um etwas von A nach B zu bewegen, und dann knackt es. Es knackt sehr unangenehm oder schießt plötzlich schmerzhaft in den Rücken. Manche erwischt es an der Halswirbelsäule, da knirscht es mehr, als dass es knackt. Man steht da, wie zu einer Salzsäule erstarrt, kann sich nicht mehr vor und zurück bewegen. Dann schießt einem noch schlagartig die Erkenntnis durch den Kopf: Hexenschuss. Und dass man übermorgen in den Urlaub nach Spanien fahren will. Und wenn man im Hunsrück wohnt, kommt im nächsten Moment auch gleich eine gewisse Erleichterung. Der Pies wird es wieder richten.

Der Name Pies und der Begriff Knochenflicker gehören im Hunsrück zusammen, besonders in Emmelshausen. Das erste Haus in Emmelshausen war der Bahnhof, und rund um den Bahnhof entstand die neue Siedlung. Das zweite Gebäude wurde 1908 von Gastwirt Peter Pies errichtet und war Station für Post- und Personenkutschen. Seine Familie gehörte seit Generationen zu den Menschen, die das Handwerk des Knochenflickens verstanden. In einem Nebenzimmer des Gasthauses behandelte er ausgerenkte, verdrehte und gebrochene Knochen. Während der Behandlung wurde der neueste Klatsch und Tratsch vom Hunsrück ausgetauscht, so war das Behandlungszimmer auch eine Nachrichtenbörse.

Der Stammvater der Hunsrücker Knochenflicker war wohl der 1666 in Mannebach gestorbene Dietrich Pies, somit kann er als Begründer der Chiropraktik genannt werden. Deshalb hat man den Knochenflickern vor dem Hotel Waldfrieden in Emmelshausen ein schönes Denkmal gesetzt. Da stehen der Knochenflicker Pies und sein kleiner Patient. Der Junge scheint zu sagen: »Mir tut's da weh, aber gell, das kriegst du wieder hin?« Die Chiropraktiker mögen Müller oder Schmitz heißen, aber im Hunsrück geht man zum »Pies«.

Adresse Bopparder Straße 12a, 56281 Emmelshausen | Anfahrt B 327 bis zum Kreisel, hinter dem »Zentrum am Park« gibt es kostenlose Parkplätze | Tipp Im Zentrum am Park (ZAP), Rhein-Mosel-Straße 45, findet das ganze Jahr über eine Fülle von kulturellen Veranstaltungen statt, darunter Kleinkunst, Lesungen, Theateraufführungen und Konzerte aller Art (www.das-zap.de).

22 Die Kräuterkur

Apotheke für Mensch und Tier

Im Industriegebiet von Gödenroth steht ein modernes Fabrikgebäude in L-Form. Dazwischen liegt – nach Süden ausgerichtet – ein großer Garten mit Hochbeeten, Büschen, neu gesetzten Bäumen und Sträuchern. Über den frisch angelegten Wassertümpeln schwirren große Libellen mit durchsichtigen Flügeln. Hummeln und Bienen summen auf Lavendelblüten, und ein kleiner Wasserlauf mäandert durch den Garten. Überall sind Schilder aufgestellt, damit der Besucher sieht, um welche Pflanzen es sich handelt und für welche Wehwehchen sie eingesetzt werden können. Ein Beet steht voller Gewächse, die, so sagt eine Schiefertafel, hilfreich bei Magen-, Leber- und Gallenbeschwerden sein sollen: Mariendistel, Artischocke und Kurkuma. Auf einem anderen Beet wachsen Spitzwegerich, Salbei und Thymian, sie sind gut für die Atemwege.

Und dann ist da eine Tafel, auf der zu lesen ist, dass die Pflanzen im Beet Haut und Haaren, Fell und Gefieder guttun. Haut und Haare, na klar, aber Fell und Gefieder? Die Firma Per Naturam hat diesen Garten geschaffen, sie stellt Produkte für die artgerechte Ernährung von Hunden, Katzen und Pferden her. Bei der Produkt- und Rezepturentwicklung orientiert man sich an der Phytotherapie. Dabei stehen Futter- und Heilpflanzen mit ihren jeweiligen Wirkstoffen im Mittelpunkt.

Man bezog sich bei der Anlage des Gartens auf Walahfrid Strabo, den Abt des Benediktinerklosters auf der Insel Reichenau im Bodensee, der 840 nach Christus das Werk »Über die Kultivierung der Gärten« verfasste. Der von ihm beschriebene Garten ist der Urtypus eines klösterlichen Kräutergartens. Walahfrid listet die Anwendungsmöglichkeiten der Heilpflanzen auf und vermerkt, er habe nicht nur das Wissen der Alten gelesen, sondern alle Anwendungsmöglichkeiten selbst an sich ausprobiert. Das sollte man hier im Gödenrother Garten auch tun: ausprobieren, Kräuter zupfen, zerreiben, riechen und schmecken.

Adresse An der Trift 8, 56290 Gödenroth | Anfahrt von der B 327 nach Gödenroth abbiegen, am Ortsausgang den Schildern folgen | Öffnungszeiten Garten jederzeit besuchbar | Tipp Bei Huth Pokale (Hauptstraße 16) gibt es glänzende Pokale, Ehrenpreise und Karnevalsorden (Terminvereinbarung unter Tel. 06762/1428).

23 Die Besenmacher

Echte Feger

Es ist wie verhext. Kurz vor der Walpurgisnacht geht der Hexenbesen kaputt, mit dem man eigentlich zum Blocksberg fliegen wollte. Doch Rettung naht in Gondershausen. Der Ort ist bei Hexen sehr beliebt, hier wird ihnen bei einem solch katastrophalen Fall schnell geholfen. Schon bei der Landung am Ortseingang sieht die Hexe die im Kreisverkehr aufgestellten Besen. Als Nächstes begrüßt die geschnitzte Holzfigur eines Besenbinders in Aktion die hilfesuchende Besucherin. Zwischen geschichtsträchtigen Fachwerkhäusern findet sie dann im Ort den »Beesembennerweg« (Besenbinderweg), und schon ist sie da, wo der Hexenbesen repariert – oder, wenn er gar nicht mehr fliegt, ein neuer Besen erstanden werden kann.

Früher lebten die Gondershausener von Ackerbau und Viehhaltung, aber in vielen Familien verdiente man sich durch das Besenbinden etwas hinzu. Verkauft wurden die Besen von den Besenmachern, die von Dorf zu Dorf über den Hunsrück, an die Mosel und in die Eifel zogen. Besen wurden in der Menschheitsgeschichte schon immer gebraucht, denn Dreck wegmachen wollte ja jeder. Schon die alten Ägypter banden Palmblätter zusammen, um die Paläste damit zu fegen. Die Römer maßen dem Besen eine besondere Bedeutung zu: Wenn ein Kind geboren wurde, fegte die Hebamme mit einem gesegneten Besen die Türschwelle sauber, das sollte böse Einflüsse von Mutter und Kind fernhalten. In Goethes Ballade »Der Zauberlehrling« spielt der Besen eine Hauptrolle. Das Gedicht zeigt, was passiert, wenn eine unqualifizierte Person unter Anwendung von Zauberkräften einen Besen schwingen will.

In manchen Städten verwendet die moderne Straßenreinigung heute noch Reisigbesen. Schornsteinfeger werden mit ihrem Kaminbesen identifiziert, und in jedem Haushalt steht wohl mindestens ein Besen. So, und nun wird der neue Hexenbesen mit Hexensalbe eingerieben, und auf gehts zum Blocksberg, wo beim Tratsch bestimmt die Gondershausener Werkstätten erwähnt werden.

Adresse 56283 Gondershausen | **Anfahrt** von der B 327 in Emmelshausen auf die L 206 abbiegen | **Tipp** Die Geschichte der Hunsrückbahn im Eisenbahnmuseum ist sehr spannend (Bahnhofstraße 5, www.hunsrückbahnmuseum.de).

24 Der Golfplatz

Putten zwischen Barriquefässern

Herr Flaig aus Freudenstadt ist sozusagen auf einem Golfplatz groß geworden, er hat als junger Kerl, um sich Geld zu verdienen, als Caddie auf einem Golfplatz reichen Leuten die Tasche mit den Golfschlägern hinterhergezogen. Der Club war so nobel, dass der junge Flaig das Gelände nur über den Hintereingang betreten durfte.

Vielleicht hat ihn das ja geärgert, heute besitzt er auf jeden Fall einen eigenen Golfplatz. Als Gastronom hat er sich hier im Hunsrück niedergelassen, er betreibt die Gaststätte und das Hotel »Zur Post«. Und er hat eben einen Golfplatz. Es ist ein 3.500 Quadratmeter großes Gelände hinter der Gaststätte.

Die Anlage besteht seit drei Jahren, Herr Flaig und sein Sohn haben den Golfplatz selbst entworfen und beim Bau darauf geachtet, dass alles so gebaut wurde, wie sie sich das ausgedacht hatten. 18 rote Fahnen wehen über den Bahnen, und auf jeder Bahn steht ein Weinfass aus Holz. Die Fässer dienen als Ablage für den Schreibblock und die mitgeführten Getränke.

Dieser Golfplatz ist anders. Er ist weder ein Minigolf- noch ein richtig großer Platz. Er ist ein normaler Golfplatz, nur eben in Miniaturausgabe. Hier gibt es – wie bei einem richtigen Golfplatz – Hindernisse wie Mulden, Felsen, Hügel und Wassertümpel. Es ist alles vorhanden, nur kleiner, die Ausrüstung ist dieselbe, die Regeln sind bis auf kleine Änderungen so wie beim großen Golf. Jeder Spieler sucht sich seine ideale Abschlagsposition, 18 Bahnen werden gespielt, die Bahnen sind mit Roughs und Semiroughs durchsetzt und sorgen durch die verschiedenen Oberflächenstrukturen für Ballrolleigenschaften wie beim richtigen Rasengolf.

Deshalb kommen hier auch diejenigen Spieler vorbei, die sonst auf großen Plätzen spielen, hier können sie preiswert das Einputten üben. Viele Familien mit Kindern, aber auch Stammspieler besuchen die Anlage und haben auf dem kleinen Golfplatz einen Riesenspaß.

Adresse Rhein-Mosel-Straße 33, 56283 Gondershausen | **Anfahrt** im Kreisverkehr Emmelshausen in Richtung Brodenbach auf die L 206, im Ort beim Hotel »Zur Post« gibt es Parkplätze hinter dem Haus | **Öffnungszeiten** Gespielt werden kann zu jeder Jahreszeit. | **Tipp** Im Restaurant »Waldfriede«, als zweites Haus 1908 in Emmelshausen von Peter Pies, dem Knochenflicker, gebaut, gibt es Hunsrücker Spezialitäten.

25 Die Schmausemühle

Futterstelle im »Grand Canyon«

Ein Wanderweg führt von Schloss Reifenthal an der Hunsrückhöhenstraße bis nach Burgen an die Mosel. Festes Schuhwerk ist unbedingt erforderlich; trittsicher und schwindelfrei sollte man auch sein. Außerdem braucht man eine gute körperliche Kondition für den »Grand Canyon« des Hunsrücks, denn man klettert über Felsrippen, steigt über glitschige Schiefersteine, und da, wo aus der Schlucht eine Klamm wird, hangelt man sich an im Gestein angebrachten Seilen durch die Felsformation. Am Bachlauf standen früher einmal 26 Mühlen. Es waren unterschiedliche Mühlen: Ölmühlen, Sägemühlen, Getreide- und Wollmühlen, aber alle wurden durch die Wasserkraft des Baybachs angetrieben. Nicht alle Mühlen sind erhalten, nur einige, die heute als Ferien- oder Wochenendhaus dienen.

Eine Mühle ist aber auch ein begehrtes Ziel für viele hungrige und durstige Wanderer, denn wie schon Johann Nestroy wusste: »Die Natur is mit die Wirtshäuser innig im Bund, denn der Mensch, der muss einkehr'n, wenn er geht drei, vier Stund.« Die Schmausemühle ist eine ehemalige Kornmühle, sie hat eine lange Geschichte. Mit Schmausen im Sinne von gut essen und trinken hat der Name der Mühle nichts zu tun, sie wurde durch einen ihrer Besitzer, den Müller Schmaus, zur Schmausemühle.

Mit Kuh- und Pferdegespannen wurde früher das Getreide aus dem Hunsrück an die Mühle gebracht und gemahlen. 1926 musste der Mühlenbetrieb wegen Unrentabilität schließen. Die Mühle wurde umgebaut, als Ausflugslokal und Herberge für Naturliebhaber. Hinter dem Haus sind mehrere Teiche, in denen es von Forellen nur so wimmelt. Das klare Wasser des Baybachs füllt die Teiche, und so frisch wie hier bekommt man selten einen Fisch auf den Teller. Vom Fang bis an den Tisch dauert es höchstens 20 Minuten. Das selbst gebackene Brot aus dem alten Steinbackofen am Haus sollte man unbedingt probieren.

Adresse 56283 Gondershausen | **Anfahrt** im Kreisverkehr Emmelshausen in Richtung Brodenbach die L 206 nehmen, in Gondershausen der Beschilderung »Schmausemühle« folgen | **Öffnungszeiten** durchgehend von Nov.–Jan. Mo, Di Ruhetag; März–Mai Di Ruhetag | **Tipp** Vom Parkplatz am Stadtpark in Emmelshausen aus kann man eine Wanderung zum Sauerbrunnen, dem »Heilbrünnchen«, in den Nachbarort Schwall machen.

26 Der Hochofen

Ein Ofen hat Freunde

Die Gräfenbacherhütte, das sind zwar nur ein paar Häuser am Rand des Soonwaldes, aber hier versteckt sich ein historisches Kleinod der Hunsrücker Technikgeschichte. Dabei ist das Kleinod ziemlich groß. Man sieht hier die Reste eines Hochofens von 1842. Es ist ein Technikdenkmal ersten Ranges, einzigartig in Südwestdeutschland. Die gemauerten Bögen waren das Kernstück der Anlage. Die Voraussetzungen für eine Erz verarbeitende Fabrik waren gut, man brauchte Erz, Holz und Wasser, und all das war im Soonwald reichlich vorhanden. Das Holz wurde in Meilern zu Holzkohle umgewandelt. Hammerwerke und Gebläse benötigten Wasser, das der Gräfenbach lieferte. Für trockene Wetterphasen legte man Speicherteiche an, die noch immer zu sehen sind. Das Erz wurde in kleinen Gruben im Soonwald abgebaut.

Fehlte nur noch das technische Wissen. Ein Fachmann, der im Saarland eine Hammerschmiede betrieb, wurde angeheuert, und bald produzierte das Werk alles, was man im Haushalt benötigte: Kochtöpfe, Pfannen, Waffeleisen und Takenplatten für Öfen und Herde. Auch Brunnen und Grabkreuze wurden hergestellt, zeitweise auch spezielle Dinge wie Kanonenrohre. Unverarbeitetes Roheisen wurde ebenfalls verkauft, der Absatzmarkt reichte vom Schwarzwald bis zum Niederrhein.

Allerdings waren die Arbeiten in der Hütte nicht ungefährlich. Beim Erzabbau, bei den Zulieferdiensten und beim Holzeinschlag passierten oft tragische Unfälle. Probleme anderer Art gab es mit der Waldrodung. Für die Holzkohleherstellung wurde sehr viel Holz gebraucht, das gab Ärger mit der Bevölkerung der umliegenden Gemeinden. In trockenen Sommern kam die Produktion wegen Wassermangel oft zum Erliegen, 1873 wurde die Gräfenbacherhütte wegen wirtschaftlicher Schwierigkeiten geschlossen. Der Verein »Freunde des Hochofens« bemüht sich um die Erhaltung der unter Denkmalschutz stehenden Hochofenruine.

Adresse 55595 Gräfenbacherhütte | **Anfahrt** von der B 50 in Argenthal auf die L 242 abbiegen, hinter dem Parkplatz Schanzerkopf auf die L 239, dann noch fünf Kilometer bis Gräfenbacherhütte | **Öffnungszeiten** jederzeit zugänglich | **Tipp** Die »Opelwiese« an der L 239 ist ein toller Abenteuerspielplatz für Kinder.

27 Das Ehrenamt

Abwechslung nicht nur für die Füße

Er war ein Dreckplatz unterhalb des Dorfes an einer schlammigen Stelle. Jahrzehntelang galt dieser abgelegene Ort als Müllhalde; alte Autoreifen, kaputte Badewannen und anderer Unrat landeten dort.

Bis einige Grendericher Bürger auf die Idee kamen, diesen Dreckplatz aufzuräumen und etwas aus der Müllhalde zu machen. Man traf sich zu vielen Gesprächen, Ideen wurden gesammelt, Pläne entworfen, manche davon wurden als spinnert abgetan. »Wer soll das bezahlen?«, war eine oft gestellte Frage. Doch schließlich wurden Geldgeber und Sponsoren gefunden, auch die EU förderte das Projekt mit vielen Euro.

Dann ging man es an: Der ganze Unrat wurde aufgesammelt und fachgerecht entsorgt. Gestrüpp, Gehölz und morsche Bäume wurden entfernt. Im Plan war vorgesehen, einen See anzulegen, der kleine Bach, der durch das Gelände lief, eignete sich gut dafür. Außerdem stellte man überall Spiel- und Fitnessgeräte auf: Spiele für die Kleinen, Fitness für die Erwachsenen. Alle Altersgruppen sollten angesprochen werden. Ein origineller Barfußpfad wurde angelegt, und in St. Petersburg fand man ein preiswertes Blockhaus, das hierhergebracht wurde und in dem nun ein Kiosk betrieben wird. Er wird von Vereinen und vom Kindergarten gern zum Feiern benutzt. Ein kleiner stählerner Balkon ragt in den See hinein, von hier aus kann man Fische beobachten. Ein Kahn liegt am Ufer, so, als hätte er schon immer hier gelegen. Mittlerweile wachsen Schilf und Rohrkolben, ein Wanderweg führt in die Natur, durch Streuobstwiesen, Wald und freie Flächen.

Durch das ehrenamtliche Engagement einiger Bürger ist hier ein gelungener, attraktiver Spiel-, Sport- und Unterhaltungsplatz entstanden. 4.500 Arbeitsstunden haben die Helfer geleistet. Ein Vorzeigeprojekt, das auch schon den Ehrenamtsförderpreis der Verbandsgemeinde bekommen hat. Aus dem verwilderten Grundstück ist ein wunderschöner Park geworden.

Adresse Preisstraße, 56868 Grenderich | Anfahrt von der B 327 in Kappel auf die B 421, dann auf die L 98, in Grenderich der Beschilderung folgen | Tipp Der Kirchenhügel im Ort Kappel ist ein sehr anziehender Ort mitten im Dorf.

28 Die Simultankirche

Eine für alle

Es ist eine kleine Kirche mit einer wuchtigen, schiefergedeckten Turmhaube. Schießschartenartige, schmale Fenster hat der Turm, er erinnert an Fluchttürme, in denen man früher Schutz gesucht hat. Dass er zwischen 1350 und 1370 nach Christus gebaut wurde, lässt sich anhand der dendrologischen Bestimmung der Holzbalkendecke nachweisen. Dicke, alte Eichenbäume stehen auf dem Friedhof. Von einer Steinmauer umgeben, ist er ein in sich geschlossenes Ensemble, das Ruhe ausstrahlt.

Nicht nur der Platz, auf dem die Kirche steht, ist etwas Besonderes, auch die Kirche selbst. Gleichzeitig – wie man das Wort »simultan« übersetzt – werden hier aber keine evangelischen und katholischen Gottesdienste gefeiert, sondern immer schön nacheinander. Noch sind die ökumenischen Bestrebungen beider Konfessionen nicht so weit fortgeschritten.

In vielen Hunsrücker Gemeinden wurden nach der Reformation Simultankirchen errichtet, viele von ihnen wurden aber später wieder aufgehoben. Die Konfession, die im Ort die Mehrheit hatte, bezahlte die kleinere aus, und Letztere erhielt dadurch die Mittel, sich eine eigene Kirche zu bauen. Da man im Ort Hahn keine Notwendigkeit sah, eine zweite Kirche im Ort zu errichten, beließ man es bei dieser idyllisch gelegenen, heute unter Denkmalschutz stehenden Simultankirche.

Dass im Tod alle Menschen gleich sind, ist mittlerweile bekannt. Auf dem Hahner Friedhof hat man diese Erkenntnis schon lange umgesetzt: Hier liegen, wie gerade gestorben, evangelische und katholische Christen friedlich nebeneinander. Die Gläubigen beider Religionen teilen sich auch brüderlich die Instandhaltungskosten der Kirche sowie Strom und Wasser und die Kosten für den Friedhof. Am Eingang der Kirche steht auf einer Informationstafel eine Stelle des Johannesevangeliums: »Damit sie alle eins seien.« Joh. 17, 21. Ein wirklich friedlicher Ort.

Adresse An der Gass, 56850 Hahn | **Anfahrt** von der B 327 Abfahrt Hahn, im Dorf ausgeschildert | **Tipp** Von hier aus führt ein Rundwanderweg an ehemaligen Schieferstollen vorbei zur »Altlayer Schweiz« mit eindrucksvollen Felsformationen.

29 Die Wersianer

Die Hammond des Hunsrücks

Orgelbau hat im Hunsrück Tradition, man denke nur an die Orgelbauerfamilie Stumm, die generationenlang die Region mit Pfeifenorgeln versorgte. Große Werke mit bis zu 2.000 Pfeifen wurden in den Werkstätten der Stumms im kleinen Ort Sulzbach hergestellt. Viele Jahrzehnte später entstand in einem Hobbykeller im Hunsrückdorf Werlau eine neue Art von Orgel. Die Elektronik hatte in der Musikindustrie Einzug gehalten, und da alle marktgängigen elektronischen Orgeln noch sehr teuer waren, baute Reinhard Franz 1969 für seinen Bruder Wilhelm Erich eine Orgel aus elektronischen Einzelteilen zusammen. Er lötete, klebte, sägte, und am Ende stand die »Wersi 1« im Keller. Aus den drei Anfangsbuchstaben des Ortes Werlau und den ersten zwei Buchstaben der Kreisstadt Simmern wurde der Firmenname »Wersi«.

Die Idee, mit preiswerten Bausätzen elektronische Orgeln zu bauen, kam bei Musikern und Bands gut an, und die Firma »Wersi« wuchs rasant. Der neue Sound gefiel den Künstlern, und schon bald erklangen die Orgeln bei Konzerten im Fernsehen, bei Rundfunkaufnahmen, beim Ball des Bundespräsidenten, auf der Funkausstellung in Berlin und auf der Internationalen Musikmesse in Frankfurt.

»Wersi« wurde größer und musste anbauen. In der Glanzzeit beschäftigte man über 200 Mitarbeiter und hatte zahlreiche Niederlassungen, auch im europäischen Ausland. Die Hauptattraktion der Firma war der Vorführraum, hier konnte man die Orgel selbst ausprobieren. Und das ist auch heute noch so: Der Raum ist voller elektronischer Orgeln. Jemand, der dieses Instrument beherrscht, befindet sich hier im Eldorado der Klänge. Die digitale Technik ermöglicht dem Spieler, unzählige Klangvarianten zu programmieren. Das Highlight bei einigen Instrumenten: Man kann sich einen Orgelklang wünschen, zum Beispiel den der Orgel des Kölner Doms oder den unverwechselbaren Klang einer Silbermann-Orgel.

Adresse Am Eichelgärtchen 36, 56283 Halsenbach, www.wersi.net | Anfahrt von der B 327 beim Industriegebiet Halsenbach abbiegen | Tipp Im Agrarmuseum (Rhein-Moselstraße 9–11) sind die landwirtschaftlichen Arbeitsmethoden von gestern und heute zu sehen (Infos bei der Touristinfo unter Tel. 06747/93220).

30 Die Pydna

Upps

Wie so oft im Hunsrück: eine Mauer im Wald, bewehrt mit Stacheldraht, ein vergittertes Eingangstor, »Militärischer Sicherheitsbereich, Betreten verboten!«. Eine abschreckende Sache. Und genau das war der Sinn dieses Areals. 96 Cruise-Missiles-Marschflugkörper mit Atomsprengköpfen sollten in den 70er Jahren auf dem Gelände aufgestellt werden, um im Kriegsfall Richtung Moskau abgeschossen werden zu können. Auf dem Gelände wurden atombombensichere Bunker gebaut, in der Nähe errichtete man eine unterirdische Kommandozentrale. Grund für die Auswahl des Geländes war die unmittelbare Nähe zur amerikanischen Air Base Hahn. Doch der Bau wurde durch Eingaben der Bevölkerung an die Bundesregierung verzögert. Die mittlerweile aus Amerika eingetroffenen Atomwaffen wurden daher zunächst auf der Air Base Hahn in atomsicheren Bunkern zwischengelagert.

Am 1. Dezember 1987 unterzeichneten Reagan und Gorbatschow den IFN-Vertrag zur Abrüstung aller atomaren Waffen. Damit war der mögliche Abschussort Geschichte. Zwar wird das Gelände heute noch militärisch genutzt, es dient der Ausbildung für die Telekommunikation der Bundeswehr. Aber es findet auch noch eine ganz andere Art der Kommunikation hier statt: Seit über 25 Jahren steigt im Sommer die »Nature One«, ein Festival elektronischer Tanzmusik. 60.000 bis 70.000 Menschen aus ganz Europa pilgern alljährlich in den Hunsrück zur »Pydna«, so der Deckname für das ehemals brisante Gelände. Die Technojünger verwandeln den ehemals düsteren Ort in ein buntes, quirliges, drei Tage lang dauerndes Musikevent. Neben dem Festivalgelände entsteht dann auf circa 100 Hektar Ackerfläche die größte und verrückteste Zeltstadt Deutschlands.

Und die anfangs erwähnten Mauern sind mehr oder weniger phantasievoll besprüht: »Upps«, »Peace«, »KRRRK«, »True love«, »Stoppt den Rüstungswahnsinn«, »Anarchie«, »Waldesch goes Nature one«.

Adresse 56288 Hasselbach | Anfahrt von der B 327 nach Hasselbach abbiegen und weiter auf der L 225 | Öffnungszeiten 12. März–25. Okt. Do–So 12–17 Uhr | Tipp Im Dokumentationszentrum »Haus der regionalen Geschichte« in Kastellaun ist eine Ausstellung über die Proteste im Hunsrück gegen die Stationierung der Raketen zu sehen.

31 Das Spielzeugmuseum

Der digitalfreie Raum

Von »Dezembär« bis zum »Oktobär« sollte die Sonderausstellung Teddybären im Spielzeugmuseum Hasselbach laufen, und Familie Schmidtmeier hatte sich als Aushängeschild einen großen Teddybären mit Nikolauskostüm als Werbeträger auf die Straße vor das Museum gestellt. Das war Heiligabend. Am nächsten Tag war der Teddy weg, entwendet. Für die Betreiber ein klarer Fall von Diebstahl, denn der Teddy war gut befestigt. Also gestohlen. Und das an Weihnachten. Wahrscheinlich hatte noch jemand ein Spielzeug gebraucht. Spielzeuge haben Schmidtmeiers genug. Bei ihnen dreht es sich, es schaukelt, es saust, fährt, brummt, blinkt, tutet, rasselt und fiept. In ihrem Spielzeugmuseum funktionieren alle aufziehbaren technischen Spielzeuge einwandfrei. Karusselle, Seilbahnen, Rennautos und natürlich Modelleisenbahnen sind hier in Bewegung. Über 1.000 Ausstellungsstücke kann man im Museum besichtigen. Angefangen hat Nora Schmidtmeiers Leidenschaft 1949 mit dem Sammeln von Apfelsinenpapieren und Zuckerwürfeln. Als sie 14 ist, bekommt sie eine alte Kaffeemühle geschenkt, und von da an sammelt sie zunächst alles, was mit Kochen und Küche zu tun hat, auch Puppenservices und Spielzeugherde.

Im Jahr 1997 ziehen Schmidtmeiers nach Kastellaun um, in größere Räume, auch hier machen sie immer wieder Sonderausstellungen wie »Von der Laterna magica zum Computerspiel«. Dann erfolgt 2009 erneut ein Umzug, und zwar in eigene Räume nach Hasselbach in die alte Schule, die Schmidtmeiers gekauft haben. Auch der Garten ist sehenswert. Bei einem Wettbewerb des Südwestrundfunks lagen sie mit ihrem Garten schon mal auf Platz fünf in Rheinland-Pfalz. Noch etwas Besonderes ist den Schmidtmeiers eingefallen: Auf einer angrenzenden Wiese haben sie ein Narzissenlabyrinth angelegt, 1.800 Narzissen, die im März und April blühen. Vielleicht wird dann ja auch der Teddy neu eingekleidet, als Frühlingsbote, er wurde gefunden, auf einer Bank am Wegesrand. Ein Dieb mit Herz für Teddys.

Adresse Spesenrother Straße 1, 56288 Hasselbach | Anfahrt von der B 327 in Kastellaun auf die L 108 bis Hasselbach | Öffnungszeiten So 14–17 Uhr oder nach Vereinbarung unter Tel. 06762/961616 | Tipp Für einen Rundflug über den Hunsrück bietet sich der Flugplatz für Ultraleichtflugzeuge im Nachbarort Hundheim an (www.flugplatz-hundheim.de).

32 Die Talsperre

Dem einen sein Leid, dem andern sein Freud

Als um 1900 die Elektrizität aufs Land kam, gab es verschiedene Möglichkeiten, sie zu produzieren. Für die größeren Städte waren zum Beispiel Braunkohlekraftwerke die Energieerzeuger. Auf dem Hunsrück sah es etwas anders aus. Es gab zwar keine Kohle, aber genug Wasser. Das enge Tal der kleinen Dhron, eines kleinen Hunsrückbachs, bot sich an, um hier eine Talsperre zu errichten. Die Dhrontalsperre wurde zwischen 1911 und 1913 von den Stadtwerken Trier zur Elektrifizierung der Stadt gebaut. Um Strom zu gewinnen, wurde das Wasser durch Fallrohre auf Turbinen geleitet. Wie der Name Talsperre schon sagt, sperrt man hier etwas ab. In diesem Fall das Tal der kleinen Dhron. Der Bach, vom Hunsrück kommend, sollte nun zu einem großen See aufgestaut werden. Die 16 Meter hohe Mauer wurde errichtet, die Mauerkrone war 85 Meter lang. Man kann heute auf der Mauerkrone entlanglaufen und sieht einen circa einen Kilometer langen See. Und wenn man hinunterschaut, erkennt man am Mauergrund ein Rinnsal, die kleine Dhron, die dünn und mickrig aus dem Bauch der Mauer fließt.

Unterhalb des Stauwehrs standen früher einige Getreide- und Ölmühlen, die Müller hatten jahrhundertelang mit dem Wasser des Bachs ihr Auskommen. Da der Bach aber nun keinen regelmäßigen Abfluss mehr hatte, funktionierten die Mühlen nicht mehr zuverlässig. Die Müllerfamilien wurden von der Stromgesellschaft großzügig entschädigt und umgesiedelt.

Stefan Andres, ein bekannter deutscher Schriftsteller, beschreibt seine Jugend in einer solchen Mühle an der kleinen Dhron in seinem bekannten Roman »Der Knabe im Brunnen«.

Durch die Umsiedlung entstanden aber auch soziale Konflikte, die Stefan Andres in einem anderen Buch, »Die unsichtbare Mauer«, schildert. Dort erzählt er, wie sich die Lebenswelt der Müller durch den Bau der Talsperre radikal und oft nicht zum Guten für die Müllerfamilien veränderte.

Adresse 54424 Heidenburg | **Anfahrt** von der B 327 in Thalfang auf die L 150, dann auf die L 148 Richtung Papiermühle | **Tipp** Wenn man auf der L 148 dem Ortsschild Dhrönchen folgt, kommt man zum Geburtshaus des Dichters Stefan Andres. Der Ziehbrunnen aus seinem Roman ist noch zu sehen.

33 Die Alteburg

Analoge Nachrichtenübermittlung/Messpunkte

Mit 621 Metern Höhe ist die Alteburghöhe nicht gerade die höchste Erhebung im Hunsrück, aber von hier aus kann man einen der schönsten Panoramablicke im Soonwald genießen. Mit Hilfe des Turmes sollte das ganze Land vermessen werden. Das linksrheinische Gebiet gehörte nämlich seit 1795 zu Frankreich, auf Anordnung des französischen Kaisers Napoleon I. wurde dieses Land, wie es sich gehört, anständig vermessen. Und zwar, indem astronomisch-trigonometrische Punkte gesetzt wurden. Im Flachland war das kein Problem, nur im Gebirge war es etwas schwieriger. Man baute einen Holzturm. 18 Meter hoch, bot er Platz für den Beobachter und sein Winkelmessinstrument.

Im Jahr 1815 wurde das Rheinland preußisch, und der alte Turm verfiel. Im Jahr 1891 wurde der »Soonwaldclub« gegründet, und eine der Ideen des neuen Vereins war, den alten, kaputten Holzturm durch einen neuen, steinernen Aussichtsturm zu ersetzen. Doch der kostete natürlich, aber die Mitglieder sammelten fleißig, um ihr Projekt schnellstmöglich zu verwirklichen. In den Wirtschaften und Gasthäusern des Hunsrücks wurden Sammelbüchsen aufgestellt, und viel früher als geplant hatte man das Geld erwirtschaftet. Die Bedingungen waren gut zu jener Zeit, in der sich eine neue nationale Begeisterung bildete: Auf Bergkuppen wurden Nationaldenkmäler errichtet, »Zu Ehren von Kaiser und Vaterland«, der Wald wurde als Wanderregion entdeckt. 1876 war schon der »Rhönklub« gegründet worden, bald folgte der deutsche »Wander- und Gebirgsverein«.

Nach dem Motto »Hinaus aufs Land« kamen nun viele Städter und genossen die gesunde Landluft und auch den Blick von Aussichtstürmen wie den von der Alteburg. Der Turm wurde 1893 gebaut und war sehr schnell fertiggestellt. Auch heute noch wird bei so manchem Sonntagsspaziergang der Alteburgturm mit seinem phantastischen Panoramablick in die Wanderung mit einbezogen.

Adresse 55490 Henau | **Anfahrt** von Simmern Richtung Gemünden auf der L 162, in Gemünden auf die L 229, an der höchsten Stelle auf dem Wanderparkplatz parken | **Öffnungszeiten** jederzeit zugänglich | **Tipp** Am Simmerbach in Königsau befindet sich die Töpferei der Familie Seifert, vom Maßkrug und Bembel mit individuellem Text bis hin zu Geschirr und Butterdosen ist hier Keramik angesagt (www.keramik-seifert.de).

34 Der Wackelstein

Obelix hat ihn vergessen

Die Burg Koppenstein wurde 1325 von den Sponheimer Grafen auf einer Felskuppe erbaut. Eine besondere Bedeutung hat sie nie erlangt, es fehlten Ackerland und Wasser. Es ist auch nicht mehr viel von der Burganlage zu sehen, nur der 16 Meter hohe Turm steht noch. Über 55 Treppenstufen gelangt man zur Turmspitze, von der man einen herrlichen Blick über den Hunsrück bis hin zum Pfälzer Wald hat. Und von hier oben sieht man unten im Wald einen riesigen Stein, der sehr locker und wackelig auf einem Felsen zu sitzen scheint. Wie ist der riesige Klotz da nur hingekommen? Die Phantasie beginnt zu sprießen: Hat ihn ein Riese da hingestellt? Hat Obelix ihn bei seinem letzten Besuch im Hunsrück vergessen? Hat ihn der Teufel in einem seiner Wutanfälle dort hingeschmissen?

Es ranken sich viele Geschichten und Legenden um solche Steine. Man denke an die Externsteine, den Drachenfels, Stonehenge und andere steinerne Kultobjekte, denen überall in der Welt übernatürliche Kräfte zugeschrieben werden. Sie gelten als Orakelplätze, wurden angeblich als Opferstätten benutzt oder als Heiligtümer verehrt. Wer so einmalig in der Gegend herumliegt, wird schnell zu einer Besonderheit. Wenn man nahe vor dem Wackelstein steht, glaubt man, ihn leicht von seinem Sockel stoßen zu können. Weit gefehlt! Er ist standhaft. Keinen Millimeter weicht er von der Stelle.

Aber wie kam der sagenhafte Steinklotz wirklich hierher? Er ist nicht gekommen, er war schon immer da. Er ist viel älter als die Burg, so um die 300 Millionen Jahre hat er auf seinem rissigen, mit Moos befleckten Buckel. Die Höhenzüge des Soonwaldes sind damals bei der Gebirgsbildung aus verfestigtem Meeressand entstanden und haben im Hunsrück viele solcher eindrücklichen Steinformationen hinterlassen. Jahrtausendelange Witterungseinflüsse und Erosionsprozesse bewirkten die Abtragung von weichem Gestein, dem umgebenden Schiefer. Übrig blieb der harte Quarzit, aus dem der Wackelstein besteht.

Adresse 55490 Henau | Anfahrt von der B 50 in Kirchberg auf die L 421, dann in Gemünden auf der L 129 bis zum Wanderparkplatz fahren, Gelände frei zugänglich | Tipp Ein Blick in den Burgbrunnen lohnt sich. Nach örtlicher Überlieferung holt der Klapperstorch alle Kinder, die zur Welt kommen, aus dem Brunnen, der unterhalb der Burg Koppenstein steht.

35 Das Feuerwehrmuseum

Rückschläge und Neuanfang

Das muss man sich mal vorstellen: In der Innenstadt brennt ein Haus, die Feuerwehr rückt an, und der Hauptmann sagt zum Besitzer des brennenden Hauses: »Es wird nur gelöscht, wenn du mir dein Haus für wenig Geld verkaufst.« Unvorstellbar? In Rom gab es private Feuerwehrtruppen, die sich um Brände kümmerten und tatsächlich kassierten. Eimerketten waren die übliche Löschmethode.

Römische Eimer hat das Feuerwehrmuseum in Hermeskeil nicht, dafür gibt es alle möglichen Feuerwehrfahrzeuge, Pumpen, Leitern und Gerätschaften.

1990 kam man auf die Idee, das Feuerwehrmuseum zu gründen. Ausschlaggebend war der TL 15/48, ein Feuerwehrauto der Marke Magirus, das lange Jahre seinen Dienst verrichtet hatte. Dieses Auto wurde ganz auseinandergenommen sowie restauriert, und man fuhr mit ihm auf ein Oldtimertreffen in der Nähe von Hamburg und auch problemlos wieder zurück. Man hatte dort viele schöne, alte Feuerwehrgerätschaften gesehen, und so beschlossen einige Mitglieder, die eigenen Bestände aufzulisten und sie in einem Museum auszustellen. Ein geeignetes Haus war bald gefunden, und die Männer begannen mit Feuereifer, es als Museum zu gestalten. Da kaum Geld zur Verfügung stand, brachten sie ihre Ideen und eigenen Materialien ein, zum Beispiel eine Zimmerdecke, die bei einem Kameraden abgebaut wurde und im Museum wieder Verwendung fand. Vitrinen wurden gebaut, das Glas stiftete eine Hermeskeiler Firma, Gips und Farbe bezahlten die Feuerwehrleute oft selbst, und 1999 konnte das Museum »Feuerpatsche« eröffnet werden. Es wuchs im Lauf der Jahre, Exponate aus aller Welt kamen hinzu.

Dann kam das Aus. Ausgerechnet die Brandschutzbestimmungen waren schuld an der Schließung. Doch man gab nicht auf, nach einer Zwischenlösung in einer Halle wurde mitten in der Stadt ein Neubau errichtet, das Rheinland-Pfälzische Feuerwehrmuseum. Die Geduld hat sich gelohnt.

Adresse Neuer Markt, 54411 Hermeskeil | Anfahrt von der A 1 Abfahrt Hermeskeil oder auf der B 327 in die Stadt bis Neuer Markt | Öffnungszeiten Infos unter www.feuerwehr-erlebnis-museum.de | Tipp Das Lokmuseum in der Bahnhofstraße 20 in Hermeskeil ist eines der größten seiner Art, viele Dampfloks verschiedener Baureihen sind zu bestaunen. Öffnungszeiten April – Mai, Sept. Sa, So 10 – 17 Uhr; Juni – Aug. Mo – So 10 – 17 Uhr (www.dmhk.de).

36 Die Flugausstellung

Kaffee und Kuchen in der Concorde

Fliegen kann man nicht mehr mit der Concorde, und trotzdem kann man noch in einer Concorde Platz nehmen und sich ein Stück Kuchen und ein Kännchen Kaffee bestellen. Möglich ist das in der Flugausstellung an der Hunsrückhöhenstraße. 76.000 Quadratmeter groß ist das Gelände, auf dem Flugzeuge aus aller Herren Länder stehen. Aber wie sind sie hierhergekommen? Ein Flugplatz oder eine Landebahn ist nirgendwo zu entdecken. Ein riesiges Transportflugzeug der Marke Antonov steht neben einem Flugzeug der staatlichen DDR-Luftlinie Interflug. Der größte Transporthubschrauber der Welt, ein russisches Ungetüm, lässt die schlappen Rotoren hängen, und sogar die original Super Constellation, mit der der frühere Bundeskanzler Adenauer nach Moskau flog, um über das Schicksal der letzten deutschen Kriegsgefangenen zu verhandeln, befindet sich hier auf dem Gelände. Kampfflugzeuge russischer und amerikanischer Herkunft, Migs und Starfighter stehen hier friedlich nebeneinander. Auch Linienflugzeuge aus aller Welt sind hier versammelt.

Angefangen hat alles in den 1970er Jahren. Es gibt Menschen, die sammeln Briefmarken, aber Herr Junior senior hatte ein ausgefalleneres Hobby: Er sammelte Flugzeuge. So wurden von Schweden bis zur Schweiz ausgediente Militärjets und zivile Flugzeuge erworben. Einige der Maschinen wurden auseinandergebaut und mit Spezialtransportern nach Hermeskeil gefahren, andere wiederum wurden zu den nächstgelegenen Flugplätzen Saarbrücken, Büchel oder auch Hahn geflogen. Dort wurden sie auseinandergebaut, herübergebracht und hier wieder zusammengeschraubt.

Ein Pilot aus der Schweiz bot an, den kleinen Militärjet der Schweizer Armee auf seinem letzten Flug auf der Hunsrückhöhenstraße, gleich vor der Ausstellung, zu landen, dann könne man sich das Auseinandernehmen und Zusammensetzen sparen, in der Schweiz mache man das so. Aber das wurde in Deutschland leider nicht genehmigt.

Adresse Habersberg 1, 54411 Hermeskeil | **Anfahrt** zur Ausstellung von der B 327 beschildert | **Öffnungszeiten** 1. April–1. Nov. Mo–So 10–18 Uhr | **Tipp** Von Hermeskeil aus ist eine Radtour auf dem »Ruwer-Hochwald-Radweg« zu empfehlen. Die ehemalige Bahnstrecke hat kaum Steigungen.

37 Der Nationalpark

Lebendiges Totholz

Die ersten Nationalparks wurden 1909 in Schweden und 1914 in der Schweiz eingerichtet. Nach 1945 etablierte sich die Idee des Nationalparks überall. Seitdem gibt es in 120 Ländern der Welt mehr als 2.000 solcher Refugien mit einer enormen landschaftlichen Vielfalt. Der erste Nationalpark in Deutschland war der Nationalpark Bayerischer Wald. Der Nationalpark Hunsrück-Hochwald wurde 2015 gegründet, er ist ein sogenannter Entwicklungsnationalpark. Sein Leitgedanke: »Natur Natur sein lassen«. Sie soll sich allein entwickeln, der Mensch ihr freien Lauf lassen. Über 10.000 Hektar in den Hochlagen des Hunsrücks wurden zum geschützten Lebensraum für störungsempfindliche Pflanzen und Tiere. Der Nationalpark gilt auch als Rückzugsort für den selten gewordenen Schwarzstorch und den Fischadler. Außerdem findet sich hier ein großer Bestand an Wildkatzen, der Hunsrück ist diesbezüglich ein deutschlandweiter »Hotspot«. Deshalb ist auch eine Wildkatze das Wappentier des Nationalparks.

Typisch für den Nationalpark Hunsrück sind die totholzreichen Buchenbestände und die darin gelegenen Moore, die sogenannten Hangbrücher. »Waldautobahnen«, in Reih und Glied gesetzte Fichten, sind bei starken Stürmen anfällig für Windwurf. Im Nationalpark lässt man das Holz liegen, Totholz gehört zur natürlichen Entwicklung dazu. Spechte freuen sich über das am Boden liegende Holz, Baumpilze wachsen aus den morschen Bäumen.

An diesem Ort, einer Wildnis, die die Heimat seltener Tiere ist und die vor dem Menschen geschützt wird, soll in Zukunft der Traum vom Hunsrücker Urwald wahr werden. Eine Ausstellung über den Nationalpark gibt es im Hunsrückhaus am Erbeskopf. Hier befindet sich auch eines der sechs Einstiegstore zum Großschutzgebiet Nationalpark Hunsrück-Hochwald.

Am besten macht man mit einem Ranger eine Führung durch den Nationalpark, den Urwald von morgen, wo die Natur einfach Natur sein darf.

Adresse 54426 Hillscheid, www.nationalpark-hunsrück-hochwald.de | **Anfahrt** über die B 327, ab Morbach auf die B 269, dann auf die L 164 Richtung Thalfang, Einstieg ins Nationalparktor Erbeskopf | **Tipp** Im Forellenhof Trauntal gibt es frische und geräucherte Fischspezialitäten (www.forellenhof-trauntal.de).

38 Die Gedenkstätte

Die Idylle trügt

Die Lage ist idyllisch: wellige Hügel, auf denen sich drehende Windräder stehen, Wiesen vor altem Buchenwald. Dann das Gebäude: Die Architektur ist prägnant, überraschend und auch verstörend, man kann kein Haus im eigentlichen Sinne erkennen, es ist auch keine Fabrikhalle. Vielmehr erinnert es an einen Schiffsrumpf, beim Näherkommen fallen die dreieckigen Stahlplatten auf, die untereinander verschweißt sind. Angerostet sind sie, und sie geben dem Bauwerk eine rötlich braune Farbe, die im Gegensatz zu den es umgebenden grünen Wiesen steht. Es passt überhaupt nicht in die sanfte Landschaft. Auf der Vorderseite des circa 50 Meter langen Gebäudes ist eine Glaswand, die von einem Stahlgitter symmetrisch durchbrochen wird. Die Assoziation stellt sich sofort ein: gefangen.

Der Besucher betritt das Gebäude durch eine dreieckige Tür und steht in einem hohen, hellen Raum. Jetzt schaut er durch die Glaswand an der Stirnseite und ist irritiert: Der Blick aus diesem einzigen Fenster wird unterbrochen durch das Stahlgitter. Was aber noch viel verstörender wirkt: Auf diesem Glas ist eine Fotografie des KZs aufgebracht, sodass der Besucher scheinbar das Lager auf dem Platz sieht, wo es früher tatsächlich einmal gestanden hat. Es ist eine gelungene und zum Nachdenken anregende Idee. Das Bauwerk wurde 2006 mit dem BDA-Architekturpreis des Landes Rheinland-Pfalz ausgezeichnet.

Das »SS-Sonderlager Hinzert« entstand im Oktober 1939. Ein Ort des Grauens muss es gewesen sein. Hier wurde gezielt getötet, ganze Gruppen von Gefangenen wurden erschossen oder mit Injektionen umgebracht. Die überregionale Bedeutung der Gedenkstätte wurde vom rheinland-pfälzischen Landtag 2005 noch dadurch unterstrichen, dass ein Gesetz die Versammlungsfreiheit an diesem Ort eingrenzt. Damit soll eventuellen Störungen durch neonazistische Aktivitäten vorgebeugt werden.

Adresse An der Gedenkstätte, 54421 Hinzert-Pölert | Anfahrt von Trier aus über die B 52 Richtung Hermeskeil, Abfahrt Hinzert-Pölert, oder von der A 1 Ausfahrt Reinsfeld dem Hinweisschild »Gedenkstätte SS-Sonderlager / KZ Hinzert« folgen | Öffnungszeiten Di–Fr 9–13 und 14–17 Uhr, Sa, So, Feiertage 14–17 Uhr | Tipp Das Hochwaldmuseum in Hermeskeil zeigt anschaulich die Geschichte und die Lebens- und Arbeitsweise der Menschen im Hochwald, Kunickerstraße 20 (www.hochwaldmuseum.de).

39 Die Freiluftgalerie

Hier fehlt nur der Hirsch

Die Wandmalerei ist eine der frühesten Kulturleistungen der Menschheit. Die in den Höhlen von Lascaux gefundenen Abbilder von Bisons, Pferden und Auerochsen sind immerhin 18.000 Jahre alt. Jagdszenen sind hier die beherrschenden Motive. Auch in den Grabkammern der alten Ägypter haben sich zahlreiche Wandmalereien erhalten. Oft hatten sie eine religiöse Bedeutung und sollten des Lesens unkundigen Betrachtern die dargestellten Themen näherbringen. Während der aufkommenden Christianisierung erlebte die Wandmalerei einen Aufschwung, Kirchenwände und Decken wurden mit biblischen Motiven geschmückt, um den Menschen das Evangelium zu erklären. Die farbenfrohe Malerei kam über die Alpen, in Süddeutschland entwickelte sich ein eigener Stil der Fassadenmalerei, »Lüftlmalerei« genannt.

Auch im Hunsrück findet man an vielen Hauswänden ein springendes Rehlein, ein rauschendes Bächlein, den röhrenden Hirsch oder den rasenden Rennwagen. Und auch das Mühlrad dreht sich an vielen Häusern. Meistens sind die Gemälde in den 80er Jahren entstanden, die Künstler waren oft Malermeister der Region. Kaum ein Ort, in dem nicht mindestens eine nackte Hauswand mit einem Bild verschönert wurde. Es sind häufig landwirtschaftlich geprägte Szenen: ein Ochse, der vor einem Pflug geht, Pferde, die einen voll beladenen Leiterwagen mit Heu übers Feld ziehen, und die Burgen des Hunsrücks. Hier in Hirschfeld fehlt der Hirsch, und bei einem Spaziergang durch den Ort fallen ganz andere Motive auf: Das Konterfei von Clara Schumann bedeckt großflächig ein Haus, eine ganze Hausfront ist mit Riesenblumen verziert, ein Schloss ist zu sehen, und eine kleine Mauer im Dorf wurde ebenfalls bunt angemalt. Ein internationaler Schüleraustausch zeichnet für die Freiluftgalerie verantwortlich. Eine polnische Künstlerin hatte vor ein paar Jahren die Idee, nackte Wände auf diese Art zu verschönern.

Adresse 55483 Hirschfeld | Anfahrt von der Hunsrückhöhenstraße B 327 auf die L 190 abbiegen | Tipp Die ehemalige Genossenschafts-Kornmühle in Wahlenau wurde zum urigen Restaurant, das ehemalige Mühleninventar sorgt für eine interessante Kulisse (www.wahlenau.de).

40 Das römische Bad

Kuren auf höchstem Niveau

Auf dem 106 Kilometer langen Sirona-Weg im Hunsrück kann man die erstaunlichsten Dinge besichtigen: Hügelgräber, Höhenburgen, ein rekonstruiertes Keltendorf, die Villa Rustica und einige Museen. Nach Sirona, einer galloromanischen Heilgöttin, die in der Mythologie für Seen, Flüsse und Gewässer zuständig ist, wurde dieser Weg benannt, auf dem man an 26 Stationen über das keltische und römische Leben zwischen dem 6. Jahrhundert vor und dem 5. Jahrhundert nach Christus informiert wird. Dabei kommt man an einem der ersten Kurorte der Römer nördlich der Alpen vorbei.

In der Nähe vom Ort Hochscheid steht mitten im Wald neben einem kleinen See ein Tempel, an dem man die Reste eines umfangreichen römischen Heiligtums entdeckte. Bei den Ausgrabungen kamen erstaunliche Ergebnisse zutage. Es handelt sich hier um ein Pilgerheiligtum mit Kurbetrieb aus einer heiligen Quelle.

Das Gebiet liegt am Fuße des Idarkopfes, mit 760 Metern Höhe eine der höchsten Berge des Hunsrücks. Hier sprudeln viele Quellen, und einige kleinere Bäche fließen zusammen. Im großen römischen Umgangstempel, in dem in der Mitte die Heilquelle sprudelte, schöpften die Kurgäste das Wasser und die Hoffnung auf Genesung.

Auch eine Therme wurde gefunden, was bedeutet, dass, wie das bei den sehr reinlichen Römern üblich war, sogar mit warmen Wasser gekurt wurde. Rund um den Kurbezirk waren große Gebäude errichtet und dienten wahrscheinlich als Kurhotel oder Pilgerherberge. In den Räumen standen die Figuren der Götter, die von dankbaren Pilgern gestiftet wurden. Sirona ist lebensgroß dargestellt, trägt ein gegürtetes Gewand und hat den Mantel über die Schulter gelegt, mit ihrer rechten Hand führt sie eine Schlange an drei Eier heran, die sie in der linken Hand hält. Ihr Name bedeutet erhabener, großer Stern. Dann kamen um 275 nach Christus die wilden wasserscheuen Germanen und zerstörten die schönen Kuranlagen der badefreudigen Römer.

Adresse Hochscheid | Anfahrt von der B 327 auf die L 126 nach Hochscheid, nach dem Ort in zwei Kilometern links an der Straße ausgeschildert | Tipp Fahren Sie weiter auf der L 126 Richtung Stipshausen in die »Anderswelten«. Hier gibt es Kunsthandwerk aus der Region (Öffnungszeiten Fr – So 14 Uhr und nach Vereinbarung, www.js-anderswelten.com).

41__Der Skywalk

Eine Schnapsidee wird umgesetzt

In einem Gasthaus im Ort wurden bei Wein und Bier Stammtischgespräche über den gigantischen Skywalk an einem Seitenarm des Grand Canyons geführt. Der Glasboden des Besuchermagneten dort darf nur mit Filzlatschen begangen werden, dies kostet eine Menge Dollar, und das Fotografieren ist verboten. »So einen Skywalk können wir auch«, sagten sich die Stammtischler, »nur ein bisschen kleiner.« Ein ehemaliger Steinbruch am Ortsrand bot sich an, einen Aussichtsbalkon zu errichten. Es wurde mit Fachleuten geredet, dann geplant, schließlich genehmigt und gebaut.

7,5 Meter ragt der Balkon aus verzinktem Stahl nun aus der Felswand hervor, unter ihm geht es über 100 Meter in die Tiefe. Man steht auf durchsichtigen Gitterrosten und schaut auf in der Tiefe liegende Felsbrocken und Geröll. Ganz weit unten strömt die Nahe. Nicht jeder Besucher traut sich bis ganz nach vorn an die Balustrade. »Das ist nicht meine Sache, da wird mir schlecht«, hört man von ängstlichen und von Höhenangst geplagten Besuchern, doch die neue spektakuläre Aussichtsplattform über dem Nahetal ist gut gesichert. Jede Menge Stahl und Beton wurden verbaut, um den Skywalk fest im und am Felsen zu verankern. Wer sich auf diesen nervenaufreibenden Skywalk traut, wird mit weiter Sicht und bestem Panoramablick in das Tal der Nahe belohnt.

Diese Plattform über dem Abgrund ist einmalig in den deutschen Mittelgebirgen. Viele der Stammtischler glaubten selbst nicht an ihre verrückte Idee, aber sie funktionierte. Nun steht er da, der Nahe-Skywalk, und zieht viele Besucher an. Panoramagenuss mit Nervenkitzel ist garantiert! Der Unterschied zum Grand Canyon: Der Balkon über der Nahe kann 365 Tage im Jahr kostenlos betreten werden, man darf seine Kamera mitnehmen und Bilder aus einer ungewöhnlichen Perspektive schießen, und das alles ohne Filzlatschen. Wenn man sich getraut hat, bleibt der Besuch unvergesslich.

Ein Tipp: Bei Gewitter weg vom Gitter!

Adresse 55606 Hochstetten-Dhaun OT St. Johannisberg | **Anfahrt** in Hochstetten-Dhaun auf die Dhauner Straße abbiegen und deren Verlauf folgen, Parkplätze ausgeschildert | **Tipp** Die Stiftskirche St. Johannisberg mit ihren 22 Gräbern aus der Renaissancezeit lohnt einen Besuch.

42 Die Milchtankstelle

Frischer gehts kaum

Zuerst kommt man in der Buchenkopfstraße an Kühen vorbei. Sie stehen in einem zur Straße hin offenen Stall und rupfen, kauen und malmen das Heu, das vor ihnen auf dem Boden liegt. Kurz dahinter steht sie, die Milchtankstelle. Sie ist in einem Gartenhaus aus Holz untergebracht, wie man es in vielen Baumärkten kaufen kann. Davor ein Schild: »24 Stunden kann hier gemolken werden.« Die Tür ist offen, drinnen ein Automat mit mehreren Knöpfen und einer Anleitung, wie man melkt – in diesem Fall zapft. Das Behältnis, eine Glasflasche, kann man für ein paar Euro Pfand aus einem Regal nehmen. Nach genauem Studium des Milchautomaten wirft man einen Euro hinein, öffnet die Klappe, stellt die Flasche unter den Hahn und drückt den Knopf. Sofort rauscht die frische Milch in die Flasche. Nach einem Liter ist Schluss, doch der Automat hat auch einen ausziehbaren Schlauch für größere Gefäße. In dieser frischen Milch ist noch alles drin, anders als in der Milch aus der Molkerei, wo durch die Pasteurisierung viele Geschmacks- und Inhaltsstoffe verloren gehen.

Die Milch schmeckt wirklich gut, vielleicht ein bisschen intensiver. Im offenen Stall hinten fressen die Kühe, hier vorn erhält man die Milch, frischer geht es kaum. Wer das Geld nicht passend hat: Der Automat wechselt sogar. Die Milch hat keinen langen Transportweg, sie hat weder Molkerei noch Supermarkt gesehen, die Pfandflasche wird wiederverwendet, und das Geld bleibt direkt beim Bauern. Es gibt sogar Kunden, die aus der Milch vom Automaten selbst Käse und Quark herstellen, mit pasteurisierter Milch wäre das nicht möglich. Man kann auch Dosenwurst, Eier, selbst gemachten Likör, Säfte, Rapsöl und Honig in der Milchtankstelle kaufen. Das Geld dafür gibt man in die Kasse, die offen in der Holzhütte steht. Hier ist man aber sehr vertrauensselig. Die Hunsrücker sind eben ehrliche Leute, und sie sind froh, dass es die Milchtanke gibt.

Adresse Buchenkopfstraße, 56288 Hundheim | Anfahrt von der B 327 die Abfahrt Hundheim nehmen, im Dorf die Buchenkopfstraße bis zum Reinhardshof fahren | Öffnungszeiten immer zugänglich | Tipp Im Nachbarort Hinzerath beginnt der Wanderweg »LandZeitTour«, auf dem man eine abwechslungsreiche Wanderung unternehmen kann.

43 Die Edelstein-Erlebniswelt

Funkelnde Phantasien

Blaue Nebel wallen über einem Becken mit tiefschwarzem Wasser, aus dem ein weiß angeleuchteter Wasserstrahl plätschert. Aus einem großen, rötlich leuchtenden Salzkristall rinnt ebenfalls ein Bächlein in einen kleinen Brunnen, in dem bunte Wasserblasen platzen. Ein giftgrüner Drache speit dicken grauen Rauch aus blutroten Nüstern, dabei faucht er, während Blitze durch den abgedunkelten Raum zucken.

Ein fußballgroßer Bergkristall, der auf einem gedrechselten Sockel aus Gips steht, wechselt alle paar Sekunden die Farbe, und aus unsichtbaren Lautsprechern dringt Musik: Sind es Mönche, die gregorianische Gesänge zum bizarren Ambiente beisteuern? Oder ist es die Sphärenmusik der Sterne, die alle paar Sekunden aufblitzen, sich zu einem Spiralnebel aufblähen, um danach ins schwarze Loch zu fallen, aufgesogen von dunkler Materie, die aber im nächsten Moment wieder einen Urknall mit einem grellfarbigen Feuerwerk von zerplatzenden Sternzeichen an der Wand hervorzaubert? Ein rot glühender Vulkan weist den Weg zur Sehnsuchtsgrotte.

Dort wabern Nebelschwaden aus einem magischen Brunnen, sie hüllen den Besucher ein. Er sitzt neben einer Nixe, beide blicken sie nach vorn, auf ein illusionistisch gemaltes Meer, über dessen grünen Wellen ein Albatros zum Landeanflug ansetzt. Im nächsten Raum wechseln Licht und Musik. Überall liegen und stehen seltene Drusen, sogar die Wände sind besetzt mit Edelsteinen … na ja, Idar-Oberstein hat ja genug davon!

Draußen vor der Edelstein-Erlebniswelt befindet sich eine wundersame Steinwelt für Kinder: Durch eine Holztür betreten sie eine Felsengrotte und dürfen auf 60 Quadratmetern nach Edelsteinen schürfen. Finden sie welche, dürfen sie sie mit nach Hause nehmen, ein Riesenspaß! Außerdem lernen sie, Flusskiesel von Edelsteinen zu unterscheiden, und ganz aufgeweckte Kinder erkennen schon bald den Unterschied zwischen Gips und Fels.

Adresse Nahestraße 42, 55743 Idar-Oberstein | **ÖPNV** DB RB 3311, Haltestelle Idar-Oberstein Bahnhof | **Anfahrt** in Morbach von der B 327 auf die B 269 abbiegen, dann auf die B 422 Richtung Idar-Oberstein, die B 422 wird hier zur Mainzerstraße, hinter der Nahebrücke links abbiegen auf die Nahestraße | **Öffnungszeiten** Mo–Fr 9–18 Uhr, Sa, So 10–18 Uhr | **Tipp** Die Historische Weiherschleife, Tiefensteiner Straße 87, ist die letzte mit Wasserrad angetriebene Achatschleife am Idarbach. Den Besuchern wird live die Verarbeitungsweise der Steine vorgeführt (www.edelsteinminen-idar-oberstein.de).

44_Der letzte Schlot

Gut geschmiert ist halb geölt

22 Meter hoch, unten am Fuß einen Durchmesser von drei Metern, aus rotem Backstein gebaut, steht er als Teil des Industriedenkmals der Schmuckfabrik von Jakob Bengel. Von den einst so zahlreichen Fabrikschloten ist er als letzter seiner Art übrig geblieben. Bereits 1873 wurde der Schornstein errichtet, da Dampfkraft für die Galvanik und die gesamten Maschinen wichtig war. Durch ihn entwich der Dampf der Maschine, die die Energie für die Kettenmaschinen, Walzen und Pressen lieferte, mit denen besondere Schmuckstücke hergestellt wurden.

Die schweren schwarzen Maschinen laufen seit 100 Jahren wie geölt, sie rattern wie geschmiert, und so riecht es hier auch. An der Fabrikdecke hängt eine Transmissionswelle, an der viele Räder befestigt sind. Transmissionsriemen bewegen auch heute noch Maschinen. Früher wurde die dafür benötigte Energie mit einer Dampfmaschine erzeugt, später kam die Umstellung auf elektrischen Strom. Ein Motor betrieb bis zu zehn Maschinen. In der Halle fallen die Stützpfeiler aus Gusseisen ins Auge, oben sind sie mit korinthischen Kapitellen verziert, wie sie in der Belle Époque üblich waren. Auch die Wendeltreppe und die verglaste Wand, die den Maschinenraum vom Kontor trennt, sind mit Jugendstilornamenten und Arabesken verziert.

Angefangen hat es 1873 mit dem Schlosser Jakob Bengel, der mit kostengünstiger maschineller Produktion eiserne Uhrketten herstellte. Durch das Verchromen und Vernickeln sahen diese Ketten aus wie Silberketten, waren aber viel preiswerter. In den 1950er Jahren kamen Produkte aus Aluminium hinzu. Auch bei diesem Material kam es zu einer Veredelung durch Eloxalbäder. In dieser Blütezeit der Modeschmuckherstellung und Metallwarenindustrie arbeiteten über 5.000 Menschen in Oberstein in diesem Erwerbszweig. In den 1990er Jahren brach der Markt ein und hat sich bis heute nicht erholt.

Adresse Wilhelmstraße 42a, 55743 Idar-Oberstein | **ÖPNV** DB RB 3311, Haltestelle Idar-Obarstein Bahnhof | **Anfahrt** in Morbach von der B 327 auf die B 269 abbiegen, dann auf die B 422 Richtung Idar-Oberstein, hier auf die B 41, nach einem Kilometer rechts auf die Wilhelmstraße abbiegen | **Öffnungszeiten** Mai–Sept. Di–So 10–16 Uhr; Okt.–April Di–Fr 10–16 Uhr, Mo Ruhetag | **Tipp** Hoch über der Stadt thront die berühmte Felsenkirche, man erreicht sie nur durch einen Tunnel, der ebenfalls in den Felsen gehauen wurde (www.felsenkirche-oberstein.de).

45 Die Altstadt

Ein »Gehaichnis« hat jeder, nur anders

Etwas Besonderes ist die Altstadt von Kastellaun. An einigen Stellen stehen Häuser, die ganz mit Hunsrücker Schiefer beschlagen sind, nicht nur das Dach, nein, auch die Vorderfronten und die Seiten. Das Rheinische Schiefergebirge kommt hier sichtbar zum Ausdruck.

Von der mittelalterlichen Befestigungsanlage der Stadt ist noch ein Teil erhalten, man kann sie überdacht begehen. Unterhalb der Burg führt eine alte Schiefertreppe in die »zweite Etage« Kastellauns. Geht man sie hoch, befindet man sich in einem wunderschönen Viertel. Hier oben ist es ruhiger als in der quirligen Unterstadt. An einem Haus ein Schild, auf dem »Gehaichnis« steht. »Gehaichnis«, das Wort kommt aus dem Hunsrücker Dialekt und heißt … ja, man kann es schlecht erklären, es gibt keine hochdeutsche Übersetzung, aber es ist schlechthin *das* Hunsrücker Wort für … für was denn jetzt? Für das schönste Wort in Hunsrückisch! Es ist nicht zu übersetzen und doch so einfach. Ein »Gehaichnis« bedeutet für jeden Einzelnen etwas anderes, man muss es erfühlen. Es steht für alles Gute, was einem widerfahren kann: Für den einen ist es die wärmende Sonne im Gesicht, für den anderen der weite Blick von einem Aussichtspunkt in die Hunsrücker Landschaft. Ein prasselndes, wärmendes Kaminfeuer, der Geruch von frisch gebackenem Streuselkuchen, sich zu jemandem hingezogen fühlen … ein Gehaichnis kann so vieles sein, jeden Sinn kann es erfassen. Im Lauf der Jahre ändert sich bei manchen auch das Gehaichnis, es wird ein stilles Gehaichnis.

Das Kastellauner Gehaichnis ist ein Ort, an dem man sich wohlfühlen kann. Im Haus ist eine Kultur- und Begegnungsstätte untergebracht, hier finden Veranstaltungen statt. Es wurde um 1845 gebaut und war die katholische Schule. Unter dem Schild am Haus wird das Wort »Gehaichnis« so erklärt: »Ein Ausdruck für Geborgenheit«, »Wohlfühlen«. Und das in einer Schule!

Adresse Burgweg 8, 56288 Kastellaun | **Anfahrt** auf der B 327, parken am Marktplatz | **Tipp** Auf dem Schinderhannes-Radweg, einer ehemaligen Bahntrasse, gibt es keine großen Steigungen, er ist wie geschaffen für Genussradler und Familien mit Kindern, die die herrliche Hunsrücker Landschaft genießen wollen.

46 Das Cockpit

Die Angst bleibt am Boden

Wieso steht die einmotorige Cessna auf der Wiese vor dem Hotel Burgstadt? Wieso steht am Hotel »Abflug« statt »Eingang«? Und wieso muss man sein Gepäck durchleuchten lassen? Ganz einfach, es handelt sich hier nicht nur um ein Hotel, sondern um eine Erlebniswelt rund um die Fliegerei. Einige Flugsimulatoren stehen zur Verfügung, der einer Cessna und das Glanzstück, ein maßstabsgetreues Cockpit einer Boeing 737-800. Herr Stemmler, ein begeisterter Flieger, hat sich hier einen Traum verwirklicht. Er erzählt, dass Fliegen leichter sei als Autofahren, sicherer auf jeden Fall. Der Gast nimmt auf dem Co-Piloten-Sitz Platz, Herr Stemmler erklärt geduldig, wie Querruder, Seiten- und Höhenruder funktionieren und wie die vielen Instrumente zu lesen sind. Dann wirft er die Triebwerke an. Der Flieger fährt langsam in täuschend echter Simulation auf die Startposition zu.

Aus dem Lautsprecher kommt quäkend die Startfreigabe. Der Flieger rast an Hangars und Hallen vorbei, und dann »Nase hoch!«. Man zieht den Steuerknüppel an sich, und die Nase des Fliegers geht nach oben, erste Wolkenfetzen sausen am Fenster vorbei, alles wirkt real. Man kann viele internationale Flughäfen in den Simulator eingeben und eine Runde um den Zuckerhut drehen, um dann in Rio de Janeiro auf dem Flughafen zu landen. Schwierig sei der Innsbrucker Flugplatz, er liegt zwischen hohen Bergen, und die Landebahn ist relativ kurz. Mit Hilfe der Einweisung von Herrn Stemmler gelingt die Landung aber auf allen Flughäfen. Bei vielen Menschen, die mit dem Flugzeug verreisen, fliegt die Angst immer mit. Im exakten Nachbau der Boeing finden auch Flugangst-Seminare statt, hier nehmen erfahrene Therapeuten – einer ist sogar Berufspilot – dem geplagten Passagier die Angst vorm Fliegen. Die Flugzeugtechnik, die Geräusche während des Fluges und die Gesetze der Aerodynamik werden erklärt und auch, dass kein Flugzeug bei Triebwerksausfall wie ein Stein vom Himmel fällt.

Adresse Südstraße 34, 56288 Kastellaun | Anfahrt von der B 327 in Kastellaun abbiegen und zum Hotel Burgstadt fahren | Öffnungszeiten Infos unter unter www.takeoff.de oder Tel. 06762/40800 | Tipp Einen wohlriechenden Spaziergang kann man im Lavendellabyrinth am Sulzmühlerweg unternehmen (www.lavendel-labyrinth.de).

47 Der Pilz

Nicht zum Verzehr geeignet

Er ist nicht der stinkende Trichterling, auch nicht der schleimige Helmling, er ist einfach nur »der Pilz«. Er wächst auch nicht im Wald, wo man auf der Suche nach ihm gebückt durchs Unterholz kriecht, nein, dieser Pilz steht in Kastellaun auf dem Marktplatz.

Wie ein gelandetes Ufo sieht er aus, surreal wirkt er auf Menschen, die ihn zum ersten Mal zu Gesicht bekommen. Dennoch strahlt er Harmonie aus: ein fragiles und gleichzeitig simples symmetrisches Bauwerk. Ein Stamm, ein Hut, sonst nichts. Das ganze Gewicht lastet auf dem Stamm, eine schlichte Gebäudeform – ohne Wände. In den 60er Jahren erbaut, war der Pilz damals eine Besonderheit. Die neuartige Betonbauweise sorgte für Aufsehen, er war ein Beispiel zeitgenössischer Architektur. Nicht allen gefiel er, aber die Kastellauner gewöhnten sich schnell an ihn. 1961 wurde unter seinem Schirm ein Warteraum für Busreisende eingerichtet, ein Zeitschriften-Kiosk kam dazu, und unter dem Ensemble wurde eine öffentliche Toilettenanlage gebaut. Das Ganze wurde »Kiosk am Markt« genannt.

Er hielt sich ein halbes Jahrhundert lang, erst 2011 wurde er geschlossen. Im Stadtrat diskutierte man, was nun mit dem Pilz geschehen sollte. Es wurde ein Abriss erwogen, doch Herr König, ein einheimischer Architekt, konnte den Stadtrat davon überzeugen, den Pilz zu erhalten, als architektonische Besonderheit.

So wurden sämtliche Umbauten abgerissen und der Urpilz freigelegt, restauriert und in seiner ursprünglichen Form wiederhergerichtet. Nun steht er als weiteres Wahrzeichen von Kastellaun auf dem Marktplatz, der in der Stadt immer schone eine besondere Bedeutung hatte. Wenn in Kastellaun Markttag ist, finden unter ihm einige der Verkaufsstände Platz. Besonders schön ist der Pilz bei Nacht: Wechselnde Farben bringen den Giganten der Pilzkultur zur Geltung, das Spiel der Lichter lässt sich gut durch die auf den Marktplatz gerichtete Webcam beobachten.

Adresse Marktplatz, 56288 Kastellaun | Anfahrt von der B 327 die Abfahrt Kastellaun nehmen, Parkplätze auf dem Marktplatz | Tipp Ein Stadtmauerrundgang mit Besichtigung der Unterburg versetzt den Besucher ins Mittelalter.

48 Der Sturm

Hier hat Kyrill gezeigt, was er kann

Schon Goethe sagte: »Ich ging im Walde so für mich hin, und nichts zu suchen, das war mein Sinn.« Wenn aber ein Sturm oder sogar ein Orkan droht, hat kein Mensch – auch Goethe nicht – etwas oder auch nichts im Wald zu suchen. Dann kann es nämlich sehr gefährlich werden, wie der Windwurfpfad von Kastellaun bestätigt.

Hier kann man einen Waldspaziergang ganz anderer Art erleben. Es ist gar kein Wald, so wie man sich einen Wald vorstellt: hoch aufragende Tannenbäume, knorrige Eichen mit breitem Laubdach, schlanke Buchen mit großer Krone. Nein, in diesem Kastellauner Waldstück liegen die Bäume kreuz und quer durcheinander. Man sieht herausgerissene Tellerwurzeln, groß wie eine Hauswand, verdrehte, ineinander verschlungene Baumstämme, zerrissenes, gesplittertes Holz, abgeknickte Kronen, durchgebrochene Bäume, deren Abrissstellen spitz und gefährlich in den Himmel ragen, aufeinandergestürzte Stämme, die unter hoher Spannung stehen.

Mit 120 Stundenkilometern brauste Kyrill 2007 über den Hunsrück und richtete in den Wäldern hohen Schaden an. Eigentlich wird nach einem solchen Ereignis sofort wieder aufgeräumt. Förster und Waldarbeiter sorgen dann dafür, dass das noch verwertbare Holz geborgen wird. Aber für diesen verwüsteten Wald hatte das Forstamt eine andere Idee: Ein spannendes Anschauungsprojekt ist entstanden. An zehn Informationsstationen lernt man, was mit einem solchen Wald, in dem nichts mehr gemacht wird, von allein wieder wächst und entsteht.

Der 800 Meter lange Weg ist gefahrlos zu begehen, aber manchmal muss man unter umgefallenen Bäumen hindurchkriechen, oder man geht über angelegte Treppen zu Aussichtsplattformen, von denen man das ganze Ausmaß der Zerstörung überblicken kann. Ein kleiner Junge fragt hier seinen Papa: »Ist das ein Baumumfall-Museum?« Und mitten in dem Chaos sprießt aus einem schon vermodernden Baum ein frischer Trieb.

Adresse Südstraße 26, 56288 Kastellaun | Anfahrt von der B 327 auf die L 219 Richtung Laubach, kurz hinter der Stadtgrenze den Schildern folgen | Tipp Mit dem Motto »Grenzen überwinden – Kräfte freisetzen« wirbt der Walderlebnispark mit Klettergarten am Stadtrand von Kastellaun (www.waldabenteuer.de).

49 Der blaue Hahn

Eine nasse Angelegenheit

Wie viel Wasser enthält ein Apfel? Was passiert, wenn man Edelsteine in ein Glas Wasser füllt? Wie wird aus Regenwasser Trinkwasser? Warum wurde die Steinbachtalsperre gebaut?

Diese Fragen werden im blauen Klassenzimmer des Wasserwissenswerkes beantwortet. Man kann dort Experimente mit Wasser machen, Videos anschauen und eine Ausstellung zum Thema Wasser besuchen. Es gibt einen Wasserspielplatz für Kinder und den Informationspfad Wasserkraft. In der alten Schaltwarte des Wasserwerkes an der Steinbachtalsperre wurde dieses bundesweit einzigartige Informationszentrum installiert, um Schulklassen und neugierige Erwachsene über den Wasserkreislauf und die aufwendige Aufbereitung von Regenwasser zu Trinkwasser, unserem wichtigsten Lebensmittel, zu informieren.

Obwohl es im Hunsrücker Hochwald überdurchschnittlich viel regnet, hat die Gegend rund um Idar-Oberstein aus geologischen Gründen nicht genug Grundwasser. Deshalb entschloss man sich 1966, diese Talsperre zu bauen. Das gesammelte Wasser muss aber, um die strengen Normen an Trinkwasser zu erfüllen, gereinigt werden. Die Aufbereitung von Oberflächenwasser ist weitaus aufwendiger als die von Grundwasser. Täglich werden der Talsperre 5.000 Kubikmeter entnommen und mikrobiologisch untersucht, um daraus Trinkwasser zu gewinnen. Durch die Aufbereitung des ursprünglich weichen Wassers wird der pH-Wert gesteigert. Durch einen Mehrschichtenfilter aus Schwarzkohle, Sand und Kies werden kleinste Schmutzpartikel aus dem Wasser herausgefiltert. Zum Schluss wird das gefilterte Wasser mit Chlordioxid versetzt, um Bakterien zu eliminieren. So gelangt das aufbereitete Oberflächenwasser dann keimfrei zum Verbraucher. Die Talsperre ist 36 Meter tief und 1,3 Kilometer lang und kann bis zu 4,8 Millionen Kubikmeter Wasser speichern. Wollte man sie leer trinken, müssten 1.400 Menschen ihr ganzes Leben lang ihr Wasser schlürfen.

Adresse Auf dem Steinberg 1, 55758 Kempfeld | **Anfahrt** von der B 327 auf die L 160, dann auf die K 52 nach Kempfeld abbiegen | **Tipp** Das perfekte Schmuckstück findet der Besucher bestimmt in der Edelsteingalerie in Katzenloch (www.galerie-saegewerk.de).

50 Der Mörschieder Burr

Eine Wüste im Hunsrück

Am Fuß des Turmes der Wildenburg wächst ein verwunschener Wald. Dort gibt es moosbewachsene Quarzitfelsen und überhängende Steinformationen mit Einkerbungen, als ob eine Riesenaxt hier zugeschlagen hätte. Man sieht umgefallene Bäume, abgestorben und mit Baumpilzen überwachsen, sie werden nicht entfernt, ein Gefühl von Urwald stellt sich ein. Aus einem Felstopf läuft auch im Hochsommer Wasser. Teile einer nachgebauten keltischen Wehranlage sind zu sehen, und es würde einen nicht wundern, wenn einem hier sagenhafte Gestalten begegneten.

Geht man den Weg in Richtung Mörschied, kommt man am »Burr« vorbei. Burr, der Name klingt, als ob einem kalt wäre: brrrr, mit einem Hunsrücker rollenden »rrrr« gesprochen, klingt Burr noch einmal so schön.

Doch was ist das, ein Er, eine Sie? Man ahnt es, der Burr ist männlich, und der Burr ist eine Wüste im Hunsrück, eine Steinwüste. Kein Baum wächst hier, auch Sträucher haben es schwer, aber in seinen Steinverstecken, in den Höhlen zwischen und unter den Felsplatten, leben Eidechsen und Blindschleichen, sie fühlen sich wohl auf den warmen Steinen. Diese Steinlawinen mit ihren wackelnden Felsplatten sind zwar frei von Feinerde, dafür gedeihen hier, in diesem unwirtlichen Areal, seltene Moose und Farne. Von einer gemauerten Aussichtsplattform geht der Blick über eine der längsten, größten Felshalden weit in den Hunsrück hinein.

Blockhalden heißen diese Steinströme, es sind Felsbildungen, die durch Verwitterungsvorgänge und Frosteinwirkung entstanden sind. Während der Eiszeit waren die Böden dauerhaft gefroren, durch die Sonneneinstrahlung tauten sie tagsüber wieder auf, und durch diese ständigen Temperaturunterschiede begann ein Verwitterungsprozess. Die Steine zersprangen und sammelten sich in Mulden, sie füllten Löcher und Senkungen und kullerten bis an den Fuß so manchen Hunsrückhanges.

Adresse Wildenburger Straße, 55758 Kempfeld | Anfahrt in Morbach von der B 327 auf die B 269, dann auf der B 422 nach Katzenloch, von hier nach Kempfeld, im Ort der Beschilderung folgen | Tipp Innerhalb der Wildenburg gibt es einen Raum mit romantischer Atmosphäre, in dem sich interessierte Brautleute das Jawort geben können. Im Winter brennt dazu ein Kaminfeuer (www.vg-herrstein.de).

51 Die Wildkatzen

Das sind keine Sofatiger

Wenn man sich ihr nähert, wird sie aggressiv: Sie fährt die Krallen aus, sie schlägt, sie faucht, sie spuckt sogar. Bei dem Tierchen handelt es sich um die Wildkatze, auf Latein »Felis silvestris«. Sie ist wild, sie gilt als nicht zähmbar. Bei einem normalen Waldspaziergang wird man so schnell keinem dieser scheuen Tiere begegnen. Und doch sind sie mitten unter uns, in den Wäldern des Hunsrücks sind sie sogar sehr verbreitet. 5.000 Tiere sollen in Deutschland leben, davon 3.000 in Rheinland-Pfalz, davon wiederum über 1.000 im Hunsrück. Zu den Kernlebensräumen zählen Hochwald und Idarwald.

Heute kümmert sich das Wildkatzenzentrum an der Wildenburg um gefundene und kranke Tiere. Immer wieder werden von Autos angefahrene Tiere hierhergebracht. In der neu errichteten Auffang- und Auswilderungsstation werden die Katzen zuerst tierärztlich untersucht. Man macht auch einen Gentest, um herauszufinden, ob es sich tatsächlich um Wildkatzen handelt, denn bei jungen Tieren besteht Verwechslungsgefahr mit Hauskatzen. Dann sorgen sich die Mitarbeiter des Zentrums intensiv um die Genesung. Erwachsene Tiere werden, wenn sie gesund sind, am Fundort wieder ausgewildert. Jungtiere werden in das sogenannte Auswilderungsgehege gebracht, in dem sie auf ihre Freiheit im Wald vorbereitet werden. Es gibt auch ein mobiles Gehege, in dem die jungen Katzen lernen, Beute zu schlagen. Wenn sie das können, steht ihrer Freiheit in den Hunsrücker Wäldern nichts mehr im Wege.

Ein 6,5 Kilometer langer Wanderweg, der vor dem Wildenburger Freigehege beginnt, heißt »Wildkatzen-Rundweg«. Das heißt aber nicht, dass garantiert eine oder mehrere Wildkatzen den Weg kreuzen und als Fotomotiv posieren. Wie gesagt, sie sind scheu. Aber entlang dieses Weges, in den zahlreichen Hohlräumen der Steinhalden des Mörschieder Burrs, im naturbelassenen Wald mit seinen Baumhöhlen, fühlt sich die Wildkatze wohl.

Adresse Wildenburger Straße 22, 55758 Kempfeld | Anfahrt in Morbach von der B 327 auf die B 269, dann auf der B 422 nach Katzenloch, in der Ortsmitte abbiegen nach Kempfeld, im Ort den Schildern »Wildenburg« folgen | Öffnungszeiten Mo–So 8.30 Uhr bis zur Dunkelheit, Einlass bis 17 Uhr, weitere Infos unter www.wildfreigehege-wildenburg.de | Tipp Im Nachbarort Katzenloch gibt es eine originelle Gartenwirtschaft am Wasserfall, manchmal lassen sich auf den Felsen Mufflons sehen.

52 Der Ort Katzenloch

Auf kleinem Raum die große Vielfalt

Eine alte Fabrik fällt ins Auge, sie ist das größte Gebäude im Ort. Der Unternehmer Stumm bekam 1758 die Erlaubnis, hier einen Weiher anzulegen und das Wasser der Bäche zu stauen, um damit ein Hammerwerk zu betreiben. Nachdem die Stumms ins Saarland abgewandert waren, um dort eine größere Fabrik zu betreiben, wechselte die Fabrik hier öfter ihre Funktion, mal wurde sie zu einer Schleife, dann zu einem Sägewerk.

Heute befinden sich ein Autohandel und eine Reparaturwerkstatt im historischen Gebäude. Deshalb stehen auf einer nahen, von Birken umstandenen Wiese etwa 50 alte Autos, vom Militärjeep bis zum Londoner Taxi ist alles dabei. Große, verrostete Zahnräder, eiserne Schwungräder und Zahnkranzscheiben liegen zu Dutzenden herum, kann man damit Autos flicken? Und warum sind alte eiserne Transmissionsräder zur Hälfte in die Erde eingegraben? Sie bilden zusammen mit den Birken ein Spalier für Spielzeugtraktoren, Kettcars und Tretroller. Alles steht in einer Reihe und wartet auf die jungen Fahrer. Die kommen mit ihren Eltern in die angrenzende Gartenwirtschaft am Wasserfall, wo sie nach Herzenslust herumtoben können. Von einer Holzbrücke aus kann man auf den Wasserfall und die im Bach wachsenden Pflanzen schauen. Geradeaus geht es nun ein paar Schritte auf ein Gebäude zu, an dem ein Reklameschild in den französischen Nationalfarben prangt: »Vins de France«. Und vorn an der Straße verkauft ein Mineralienhändler seine Steine und Schmuckstücke.

In den 50er Jahren des letzten Jahrhunderts lag ein Antrag auf Namensänderung bei der Gemeinde vor. Ein Gast, der schon oft seinen Urlaub in Katzenloch verbracht hatte, wollte seinen Freunden den Ort empfehlen, aber jedes Mal, wenn er den Namen Katzenloch nannte, brachen die Menschen in Gelächter aus. Katzenwinkel als Alternative sei doch schön. Der Antrag wurde abgelehnt, es blieb bei Katzenloch.

Adresse 55758 Kempfeld-Katzenloch | Anfahrt in Morbach von der B 327 auf die B 269, dann auf der B 422 nach Katzenloch | Tipp Von hier aus wandert man auf dem Köhlerpfad zur Wildenburg, unterhalb der Burg liegt das Wildfreigehege mit Streichelzoo und Naturlehrpfad (www.wildfreigehege-wildenburg.de).

53 Der Marktplatz

Ein verborgener Heiliger schaut auf das Prachtstück

Schon von Weitem ist Kirchberg zu sehen, egal, aus welcher Himmelsrichtung man sich nähert, denn Kirchberg ist auf einem Hügel gebaut, und die Silhouette der Stadt mit ihren drei Türmen ist unverkennbar.

Kirchberg, die älteste bekannte Siedlung im Hunsrück, liegt auf einer Kreuzung alter Römerstraßen. Schon 1295 erhielt Kirchberg Stadt- und Marktrechte, somit ist der Ort auch die älteste Stadt auf dem Hunsrück, und der Marktplatz ist ein Prachtstück. So viel gut erhaltenes Fachwerk an einem Ort ist selten. Viele denkmalgeschützte Häuser stehen hier nebeneinander, ein Haus mit einem sechseckigen Erker, das Rathaus mit seinem verschieferten Glockenturm und die Schwanenapotheke mit ihren holzgeschnitzten Köpfen. Sie hat das Apothekerprivileg schon 1752 erhalten und ist somit die älteste Apotheke auf dem Hunsrück.

Gegenüber den Fachwerkbauten steht, in einem Hauseingang versteckt, die überlebensgroße Figur eines Heiligen. Warum steht sie nicht auf einer Säule, warum schmückt sie keinen Brunnen? Warum steht sie nicht in der Nähe der Kirche, sondern in einem Hauseingang? Des Rätsels Lösung: Es ist der Brückenheilige Nepomuk, und als solcher stand er früher auf einer Brücke, die zur Stadtbefestigung gehörte. Als man die Brücke abriss, war die Figur wohl zu schade für den Müll. Jetzt blickt der heilige Nepomuk nicht mehr aufs Wasser, sondern er beobachtet das Treiben auf dem Marktplatz.

In einer Gasse trifft man auf ein Fachwerkhaus, das die Form eines Schiffs hat. Es ist das Heimathaus, in dem die Geschichte der Stadt anschaulich und spannend erzählt wird. Dass so viele historische Fahrräder im Museum zu sehen sind, hat damit zu tun, dass der letzte Oberamtmann der Vater von Karl Freiherr von Drais war, dem Erfinder des Fahrrads. Und wer mit dem Fahrrad nach Kirchberg gekommen ist, kann sich freuen, denn von hier aus geht es, in welche Himmelsrichtung auch immer, bergab.

Adresse Marktplatz, 55481 Kirchberg | Anfahrt auf der E 42 von Simmern oder Flugplatz Hahn kommend Abfahrt Kirchberg, im Kreisel Richtung Gemünden, im Ort gibt es Parkmöglichkeiten | Tipp In der Indoor-Kletterhalle in der Otto-Hahn-Straße 10 kann manch Kletterer bei 23 Meter hohen Klettermöglichkeiten seine Höhenängste angeseilt überwinden. Öffnungszeiten Mo–Fr 8–22 Uhr, Sa, So, Feiertage 10–22 Uhr.

54 Der Wasserturm

Ungeliebt, aber doch ein Wahrzeichen

Schon Ausonius beschrieb 365 nach Christus die Gegend um Kirchberg als »trockene Angelegenheit«, vielleicht war es ja ein heißer Sommer, vielleicht war aber auch damals schon die exponierte Lage auf dem Hügel ein Problem. Jedenfalls sah der Geschichtsschreiber trockene Felder, die nach Wasser dürsteten. Im Jahr 1896 kam die Analyse einer Wasserprobe aus dem Kirchberger Marktplatzbrunnen zu einem vernichtenden Urteil: »Nach diesen Resultaten der chemischen Analyse ist dieses Wasser als Trinkwasser zu Genusszwecken als unbrauchbar anzusehen.«

Was nun? Das schlechte Ergebnis war der Startschuss für eine neue Wasserleitung. 1897 erhielt der Bauunternehmer Langenbach den Auftrag, eine Hochdruckwasserleitung zu bauen. Langenbach bohrte am Stadtrand einen 13 Meter tiefen Brunnen, der ein Jahr später 80 Kubikmeter Wasser lieferte. Das war genug, jetzt hatte er vor, den nächsten Schritt zu tun, nämlich einen Hochbehälter zu bauen. Allerdings unter der Bedingung, dass 30 Kirchberger Haushalte einen Antrag auf Wasserversorgung stellten. Aber er hatte die Rechnung ohne die sparsamen Kirchberger gemacht. Was? Das neue Wasser würde Geld kosten? Unmöglich! Trotz schlechter Wasserqualität und häufigem Wassermangel gingen die Anträge auf Wasserversorgung nur zögerlich ein. Zwei Jahre dauerte es, bis der Unternehmer endlich anfangen konnte, den Hochbehälter zu bauen.

Der Bau des markanten Turmes fand in der Bevölkerung wenig Beachtung, nicht eine einzige Fotografie aus der Bauphase ist bekannt, auch in den Zeitungen wurde nur spärlich berichtet. Lakonisch dann die Mitteilung des damaligen Bürgermeisters Sandkuhl:

»Die Wasserleitung wurde am 1. August 1900 in Betrieb genommen.« Noch nicht einmal eine Einweihungsfeier fand für den Turm statt. Und heute? Heute ist der Wasserturm – von Weitem sichtbar – zum Wahrzeichen Kirchbergs geworden.

Adresse Graf-Simon-Straße 1, 55481 Kirchberg | **Anfahrt** auf der E 42 von Simmern oder Flugplatz Hahn kommend, Abfahrt Kirchberg, im Kreisel Richtung Gemünden, im Ort gibt es Parkmöglichkeiten | **Tipp** Im Nachbarort Kappel gibt es den Geflügelhof Bauer. Die Tiere bekommen gutes Futter aus eigenem Anbau, sie laufen frei herum. Die Schlachttermine, zu denen man ein frisches Hunsrückhuhn bekommt, findet man unter www.gefluegelhof-bauer.de oder unter Tel. 06763/2453.

55 Der Mittelpunkt

Wo Rheinland-Pfalz seine Mitte findet

Einfahrt ins Dorf Bärenbach. Kurz vor dem Dorfeingang ein großer Quarzstein, auf dem ein blau mäandernder Bach und ein brauner Bär aus Metall befestigt sind, beide schon etwas angenagt vom Zahn der Zeit.

Aufgegebene Geschäfte links und rechts der Hauptstraße. Viele Häuser mit Schildern »Zu verkaufen«. Mitten im Ort gehen vier Straßen in jede Richtung, hier steht ein grünes Hinweisschild mit gelber Schrift. »Zum Mittelpunkt« steht darauf. Mittelpunkt von was? Von wem? Vielleicht der Dorfmittelpunkt? Man denkt unwillkürlich an die Mitte einer Zielscheibe, in der ein Pfeil steckt. Oder auch an Jules Verne und an seinen Roman »Die Reise zum Mittelpunkt der Erde«.

An einem ehemaligen Bauernhaus ein verwittertes Gemälde. Zwei Pferde ziehen einen Pflug, an dem in gekrümmter Haltung ein Bauer hängt. Soll heißen: schwere Arbeit. Die asphaltierte Straße wird zum Feldweg, und etwas weiter, auf einer eingezäunten Wiese, blöken Schafe mit schwarzen Gesichtern. Nach 200 Metern kurz vor dem Waldrand dann eine hohe Buchenhecke, dahinter ein großer Platz, eine Grillhütte und davor ein großer Quarzfindling. Auf ihm eine Karte mit dem Umriss von Rheinland-Pfalz, und genau in der Mitte ist tatsächlich Bärenbach eingezeichnet. Das ist also der Mittelpunkt eines deutschen Bundeslandes. Ein Abgeordneter des rheinland-pfälzischen Landtages hatte 1982 die Idee dazu. Ein Wettbewerb wurde ausgeschrieben, etwa 1.000 Einsendungen mit Berechnungen gingen ein. Die exakte Berechnung des Landesamtes für Vermessung und Geobasisinformation führte dann zu dieser Stelle bei Bärenbach. 7°18' 37,5" östlicher Länge, 49° 57' 18,5" nördlicher Breite. Der damalige Ministerpräsident Bernhard Vogel erklärte den Ort in einer Feierstunde 1982 zum Mittelpunkt des Bundeslandes. Der Nabel der Welt ist Bärenbach zwar nicht, aber immerhin das geografische Herz von Rheinland-Pfalz.

Adresse 55483 Kirchberg-Bärenbach | **Anfahrt** von der Hunsrückhöhenstraße am Flugplatz Hahn abbiegen auf die L 194 Richtung Sohren, nächster Ort ist Bärenbach, im Ort ist der »Mittelpunkt« ausgeschildert | **Tipp** Das Porzellanhaus »Käfer« im Nachbarort Sohren. In einer Abteilung ist das ganze Jahr Weihnachten. Christbaumschmuck, Schwippbögen und Dekoartikel lassen Weihnachtsträume wahr werden (www.porzellanhaus-kaefer.de).

56 Das Bauwagencafé

Ein Kräuterkulinarium zum Anbeißen

Gundermann, Giersch und Melde. Hinter diesen Namen stecken keine Menschen, sondern schmackhafte Kräuter. Sie werden im Naturkräutergarten von Maiga Werner angebaut. Man geht durch eine typische Hunsrücker Scheune mit gestampftem Lehmboden, und schon steht man staunend in diesem wunderschön angelegten Garten.

Es ist eher ein Gartenparadies. Alles, was sich ein Gartenherz wünscht, ist hier zu finden. Ein Teich, in dem Wasserpflanzen zu Hause sind. Ein grüner Bauwagen unter alten Obstbäumen, davor wettergegerbte Stühle und Tische. An einem Komposthaufen ein Schild: »Regenwurmhotel«. Überall stehen Tontöpfe mit verschiedenen Pflanzen, in den Bäumen hängen Blumenampeln, und in einem großen Gewächshaus zieht und pflegt Maiga Werner ihre Kräuter. Und weil man Geschmack und Geruchssinn schulen kann, bietet Frau Werner Seminare an, in denen gelernt, aber natürlich auch verzehrt wird. Welche Wildkräuter kann ich essen? Wann und wo wachsen sie, und für welche Speisen kann ich sie verwenden? Es werden Führungen durch den Garten angeboten, mit anschließender Verköstigung von leckeren Kräutertapas. Der Ort, an dem gespeist wird, ist der grüne Bauwagen, der, mit antiken Möbeln geschmackvoll eingerichtet, mitten im Garten steht.

Von Mai bis Oktober kann man Gerichte mit frischen Kräutern essen: Kräutersuppen, vegane Speisen, regionale Gaumenfreuden. Ein Kochbuch mit Rezepten aus dem Bauwagen und von befreundeten Köchinnen und Köchen ist erhältlich, der Titel, wen wundert's: »Die Verführküche der Kräuter«. Erschienen ist es im Dort-Hagenhausen-Verlag. Außerdem bietet Frau Werner seit Neuestem Kochkurse an.

Im Kräutergarten von Maiga Werner wird mit Kompost, Pflanzenmulch und Liebe gearbeitet. Wer einen längeren Aufenthalt in der Region plant: Frau Werner vermietet auch vier urgemütliche Gästezimmer, gefrühstückt wird morgens im Bauwagen.

Adresse Fronhofen 2, 54483 Kleinich | Anfahrt von der B 327 abfahren auf die K 126, in Kleinich der Beschilderung Fronhofen folgen | Öffnungszeiten Mai–Okt. Sa, So, Feiertage 12–18 Uhr | Tipp Bei einem Spaziergang durch Traben-Trarbachs Innenstadt auf den Stadtturm steigen und die herrliche Aussicht genießen. Ein Glockenspiel ertönt jede Stunde.

57 Die Wacholderheide

Was die Schafe verschmääben

Es waren die Köhler, die diese eigentümliche Landschaft geprägt haben. Für die Erzgewinnung brauchte man Holzkohle, die die Köhler in den Hunsrücker Wäldern herstellten und den Eisenhütten lieferten. Die Wälder fielen der Axt zum Opfer und wurden zu Brachland. Aus diesem wiederum wurde Weideland für Schafe und Ziegen. Und die fressen bekanntlich alles außer Wacholder, und sie lassen auch die dazwischen wachsenden Silberdisteln, Schwalbenwurzpflanzen und Erikabüsche in Ruhe. Die haben zu stachelige Nadeln, als dass die Schafe das kratzige Grünzeug mit Genuss verzehren könnten.

So entstanden im Lauf der Jahrhunderte solch charakteristische Wacholderheiden, die durch ihre lichte Beschaffenheit oft Wohnräume für seltene Pflanzen und Tiere bieten. Orchideen, Enziane und seltene Schmetterlinge kann man auf diesen Flächen finden, weshalb sie meistens unter Naturschutz stehen.

Für das wichtige Offenhalten der Heide sind die Forstämter zuständig, aber es kommen Helfer und auch Schafe und Ziegen zum Einsatz (ehrenamtlich natürlich). Nicht nur die stacheligen Nadeln, auch die Beeren des Wacholders lassen die Schafe und Ziegen links liegen. Und das ist gut so, denn was wäre ein anständiger englischer Gin oder ein niederländischer Genever ohne den Geschmack der ätherischen Öle der Wacholderbeeren? Im Hunsrück wird vielerorts Schinken oder auch Forellenfilet über glimmendem Wacholderholz geräuchert.

Und falls man Kräuter für die Küche braucht, sind sie ebenfalls in der Heidelandschaft zu finden. Hier wachsen Wilder Majoran und Feldthymian. Die Blüten dieser »herbes d'Hunsrück« ziehen Hummeln und Bienen an, und so ist die Wacholderheide als Bienenweide auch für die Imker interessant. Ach ja, der deutsche Steinhäger benötigt ebenfalls Wacholderbeeren für seinen Geschmack. Na denn: Prost!

Adresse Hauptstraße, 55483 Krummenau | Anfahrt bei Hirschfeld von der B 327 auf die L 190 abbiegen Richtung Horbruch, dann Richtung Krummenau | Tipp Die Historische Schlossmühle, ein Restaurant und Hotel im Idarbachtal, stand ursprünglich 30 Kilometer abwärts. Dort abgetragen und hier wiederaufgebaut, ist es eines der schönsten Gasthäuser im Hunsrück (www.historische-schlossmuehle.de).

58 Der Lyrikpfad

Gegen das Vergessen

Viele jüdische Dichterinnen und Dichter durften in der NS-Zeit wegen ihrer angeblichen »rassischen Andersartigkeit« keine Werke mehr veröffentlichen. Als entartete Kunst galt in der Nazidiktatur alles, was mit der Kunstauffassung der Nationalsozialisten nicht in Einklang zu bringen war. Darunter zählten unter anderem Werke des Expressionismus, des Dadaismus und des Surrealismus, außerdem wurden alle Werke von jüdischen Künstlern, seien es Maler, Musiker oder Schriftsteller, als entartet eingestuft. Viele wurden in Konzentrationslager deportiert und umgebracht. Das Arbeitsverbot, die Ermordung und die Ausweisung der jüdischen Künstler und Schriftsteller während der Nazidiktatur hinterließen große Lücken in der deutschen Kultur. Viele von ihnen gerieten in Vergessenheit.

Um dem entgegenzuwirken, wurde 2011 zum 100-jährigen Bestehen der jüdischen Synagoge Laufersweiler ein »Wettbewerb gegen das Vergessen« ausgeschrieben. Kinder und Jugendliche aus der Region sollten sich ein Gedicht eines jüdischen Schriftstellers aussuchen und dazu ein passendes Bild oder eine Zeichnung anfertigen. Als Grundlage war auch ein eigenes Gedicht zulässig, das sich aber mit der jüdischen Geschichte im Hunsrück beschäftigen sollte. 33 Hunsrücker Jugendliche beteiligten sich am Wettbewerb, es entstanden Bilder und Zeichnungen in verschiedenen Maltechniken, es wurde mit Acryl, Wasserfarben, Kohle und Buntstiften gearbeitet. Herausgekommen sind eindrucksvolle Zeichnungen und gelungene Verbindungen zwischen Bild und Text. Der Pfad der jüdischen Lyrik, der mit zehn Tafeln einen Querschnitt jüdischen literarischen Schaffens darstellt, beginnt am alten jüdischen Friedhof am Ortsrand. Somit besitzt der Ort mit der Synagoge, dem Erinnerungsort »Gelebtes Leben – geraubtes Leben«, dem Friedhof und dem Lyrikpfad ein Erinnerungsensemble, das seinesgleichen sucht.

Adresse Fuckerter Weg, 55487 Laufersweiler | **Anfahrt** von der B 50 in Büchenbeuren auf die L 182 abbiegen | **Tipp** Der Wanderweg Traumschleife Kappleifelsentour beginnt am ehemaligen Rathaus mitten im Ort.

59_Die Synagoge

Jüdisches Leben im Ort

Von einer Synagoge in Laufersweiler wird zum ersten Mal 1840 in einem Zeitungsartikel berichtet: »Bei dem großen Brand in Laufersweiler wurde die Synagoge der Israeliten gänzlich eingeäschert.«

Aus eigenen Mitteln und mit 100 geliehenen Talern ließ die jüdische Gemeinde eine neue Synagoge nach Art der alten bauen. Da sie mitten im Ort lag, wurde sie in der Pogromnacht 1938 »nur« innen verwüstet. In Brand gesetzt wie so viele andere Synagogen wurde sie nicht, denn die Furcht vor einem Feuer, das sich im Ort ausbreiten könnte, war dann doch zu groß.

1985 wurde die Synagoge unter Denkmalschutz gestellt und renoviert. Über der Tür steht in hebräischer Schrift: »Wie fein sind deine Zelte, Jakob, und deine Wohnung, Israel.« Im Erdgeschoss befindet sich eine Dauerausstellung über die Anfänge des jüdischen Lebens auf dem Hunsrück bis zum Ende: Mit der Deportation und Ermordung der Juden endet 1942 die Geschichte der jüdischen Gemeinde in Laufersweiler. An die 25 jüdischen Bürger von Laufersweiler, die in Konzentrationslagern umkamen, erinnert ein Bronzerelief in der Thora-Nische.

Einige hundert Meter weiter nordwestlich, außerhalb des Dorfes, liegt der jüdische Friedhof. Von einer hufeisenförmig angelegten Buchenhecke eingerahmt, sind hier 57 Grabsteine links und rechts des Kiesweges zu sehen.

Auf einigen der Grabsteine liegen kleine Steine. Das hat Tradition: Um in biblischen Zeiten die Gräber in der Wüste vor wilden Tieren zu schützen, bedeckte man sie mit Steinpyramiden. Die Namen der Verstorbenen stehen, zum Teil zweisprachig, auf den Grabsteinen.

Auf christlichen Friedhöfen werden nach einer gewissen Zeit die Gräber geräumt. Nicht so bei jüdischen Friedhöfen: Die Unantastbarkeit der Totenruhe ist eines der wichtigsten hebräischen Glaubensprinzipien.

Adresse Kirchgasse 33, 55487 Laufersweiler | Anfahrt von der B 327 abbiegen auf die L 190 nach Laufersweiler bis Kirchgasse | Öffnungszeiten Besichtigung nach Absprache unter Tel. 06763/910142 | Tipp Die Traumschleife »Kappleifelsentour« führt rund um den Ort und ist eine anspruchsvolle Wanderung mit idyllischen Stellen und traumhaften Ausblicken auf den Idarwald.

60 Die Götterallee

Nackt und bunt

Die Kulturroute »Sironaweg« verbindet viele keltische und römische Sehenswürdigkeiten im Hunsrück. Auf einem 2,5 Kilometer langen Teilstück zwischen den Orten Leisel und Schwollen, der »Götterallee«, beginnt eine Zeitreise zu einigen Göttern, denen im Römischen Reich gehuldigt wurde. An der sogenannten Friedenseiche geht es los, zehn Götter stehen hier in Lebensgröße auf Sockeln. Auffallend und gewöhnungsbedürftig ist die Farbgebung, in der Antike waren Bauwerke, Reliefs und Skulpturen nie farblos, sondern immer koloriert. Die Skulpturen in der Allee wurden zum Schutz vor Witterungseinflüssen aus einem extrem harten Beton hergestellt, bei den Farben hat man ganz normale wasserfeste Fassadenfarbe verarbeitet.

Ursprünglich hatten die römischen Götter überhaupt keine Gestalt, vielmehr sahen die alten Römer die Götter als überirdische Kräfte, die in allen Lebenslagen über Glück und Unglück walteten. Man wehrte sich gegen die Individualisierung, höchstens ein Symbol wurde der Göttin oder dem Gott zugeordnet, eine Lanze zum Beispiel dem Kriegsgott Mars.

Doch durch den Kontakt zu Etruskern und Griechen veränderte sich der Götterglaube, und die Götter wurden zum ersten Mal bildlich verewigt. Tempel wurden errichtet, die Götter bekamen menschenähnliche Gestalt und wurden in Form von Skulpturen, Reliefs und Statuen dargestellt.

Der Halbgott Herkules steht lebensgroß und nackt da. Nur ein Löwenfell liegt über seinem Arm, in der Hand hält er eine Keule. Man begegnet auf der Götterallee außerdem den Göttern Jupiter und Juno, gelangt zu Minerva, der Lieblingstochter Jupiters. Es folgen Merkur, Venus, Mars. Am Ende der Allee kommt man zum Ort Schwollen, wo man bei der bekannten Mineralquelle von einer Quellnymphe empfangen wird. Diese bunte Götterallee ist einzigartig in Deutschland, man kann sie übrigens auch mit dem Kinderwagen oder dem Fahrrad erkunden.

Adresse 55767 Leisel | Anfahrt von der B 327 bei Morbach auf die B 269 Richtung Birkenfeld abbiegen, dann auf die L 175 nach Leisel, dort zum Parkplatz an der Friedenseiche | Tipp »Die kleine Dorfwirtschaft« in Leisel ist ein urbayerisches Blockhüttenlokal mitten im Hunsrück (www.kleinedorfwirtschaft.de).

61 Der Bienenlehrpfad

Einstein irrte

Eigentlich wollte Familie Schmahl ein altes Fachwerkhaus im Hunsrück kaufen, um eine Imkerei zu betreiben, aber mitten im Dorf? Bienen stechen, das tut weh, das weiß jeder. Es hätte Ärger gegeben. Aber dann fand die Familie einen Rohbau am Ortsrand von Lindenschied. Im Haus riecht es gut nach Wachs, gerade werden die entdeckelten Waben in einem Gerät erwärmt, das Wachs wird flüssig und dann zu Kerzen und kleinen Figuren gegossen. Schmahls haben den vermutlich größten Wachszoo im Hunsrück. Vom Bär bis zum Igel, vom Schwein bis zur Maus, sie gießen diese Figuren selbst, aber irgendwie sind diese lustigen Wachskerzen fast zu schade zum Anzünden. Ein Bienenlehrpfad führt durch den Garten, in dem die Bienenkästen aufgestellt sind. Wenn im Frühling der Raps blüht, ist das Summen in den Kästen enorm. Schulklassen und Gruppen können eine interessante Führung erleben. Man erfährt zum Beispiel, dass Honig schon bei den griechischen Olympischen Spielen als Dopingmittel eingesetzt wurde. Honig galt als die Speise der Götter, schon die Steinzeitmenschen kannten ihn; er war damals das einzige Süßungsmittel.

»Wenn die Biene einmal von der Erde verschwindet, hat der Mensch nur noch vier Jahre zu leben. Keine Bienen mehr, keine Bestäubung mehr, keine Pflanzen mehr, keine Tiere mehr und kein Mensch mehr.« Dieses Zitat wird Albert Einstein zugeschrieben, aber Wissenschaftler zweifeln, ob diese Worte wirklich von ihm stammen, denn der kluge Mann wusste bestimmt, dass es vor der Entdeckung Amerikas durch Christoph Kolumbus auf dem fernen Kontinent schon Tausende von Jahren Menschen, aber keine Bienen gegeben hat. Erst durch die Entdecker kam die Biene nach Amerika. Herr Schmahl hat genug davon, 100 Bienenvölker arbeiten für ihn. Im alten Ägypten war ein Topf Honig so viel wert wie ein Esel, Herr Schmahl würde also eine ganze Herde Esel auf der Wiese stehen haben.

Adresse Im Steinborn 4, 55481 Lindenschied | Anfahrt die E 42 in Kirchberg verlassen, auf der B 421 weiter bis Dickenschied, im Ort rechts ab nach Lindenschied, erste Straße links abbiegen in die Straße Im Steinborn | Öffnungszeiten Fr 10–12 und 15–18 Uhr, Sa 10–13 Uhr | Tipp Der Skulpturenweg im Nachbarort Dickenschied ist zwar etwas in die Jahre gekommen, aber noch stehen interessante Kunstwerke in der Natur. Parkplatz an der Grillhütte benutzen.

62 Der Sinnengarten

Immer der Nase nach

Schon bei Aristoteles findet man die klassische Einteilung der fünf Sinne in Sehen, Hören, Riechen, Schmecken und Fühlen. Aber es gibt noch mehr Sinne, zum Beispiel einen fürs Gleichgewicht und den »7. Sinn«, eine Fernsehsendung zur Verkehrssicherheit. Das war jetzt Unsinn.

Dass man die Welt um sich herum so vollständig wie möglich wahrnehmen und auf sie reagieren kann, dafür brauchen wir unsere funktionierenden Sinne. Bei vielen Menschen verkümmern aber einige davon im Lauf der Zeit. Um dem entgegenzuwirken, hat man dieses Erlebnisfeld angelegt, mit Stationen, an denen man seine Sinne trainieren kann. »Kannst du nicht hören?« »Doch!« Da steht ein riesiger Stein auf dem Gelände, mit einem großen Loch, ein sogenannter Summstein. Wenn man seinen Kopf hineinsteckt und summt, fängt der Stein nach kurzer Zeit an zu vibrieren, es dröhnt, und man erfährt eine starke Resonanz. Spannend. »Beweg dich mal!« Man balanciert über schwankende Balken und trainiert so den Gleichgewichtssinn, der vielleicht durch langes Sitzen vor viereckigen Monitoren etwas unsicher geworden ist.

»Der Nase nach!« Im Erlebnisfeld empfängt die Nase je nach Jahreszeit den Duft von Kirschblüten oder nassem Gras. Das Wasser des kleinen Sees hat einen eigenen Geruch, und manchmal riecht man auch die Gülle auf den Feldern. »Sieh mal!« Ein gelungenes Beispiel von Eigeninitiative ist hier zu sehen. Das Projekt wurde in die sanfte Bach- und Wiesenlandschaft integriert, es ist aus einem Dorferneuerungskonzept entstanden und wird von einem Förderverein gepflegt. Es ist beruhigend und anregend zugleich, und alle Sinne werden angesprochen. Zu guter Letzt der Geschmackssinn: Auf dem Gelände steht ein kleines Holzhaus, davor befindet sich ein Schrank mit leckeren Säften und Limonaden aus der Region. Selbstbedienung: Aussuchen, aufmachen, Geld in die Kassette legen. Prost!

Adresse 56290 Mannebach | Anfahrt in Kastellaun von der B 327 auf die L 109 Richtung Treis/Karden abbiegen, in Korweiler auf die K 47 nach Mannebach | Tipp Man kann auf dem Erlebnisfeld von Mai bis Oktober in einem Indianertipi übernachten (www.erlebnisfeld-mannebach.de).

63 Die Intarsien

Holzwürmer sind hier fehl am Platz

Ein kleines Schild hängt an Herrn Echtermanns Haus. Ein Auto, auf das Intarsien gemalt sind, steht davor. Ein kleines Haus in einem Garten: Hier soll das in Europa einzigartige Intarsien-Museum sein? Man betritt den Raum und wundert sich. Wo sind die großen Maschinen, die Sägen, Schleifen und Hobelbänke, die man sonst in einer Schreinerwerkstatt vermutet? Stattdessen liegen kleine Messer, dünne Holzfurniere in allen Farben und gezeichnete Entwürfe auf dem Tisch. Dann öffnet Herr Echtermann die Tür zur Ausstellung, und man wundert sich zum zweiten Mal, aber dieses Mal richtig, der Ausstellungsraum ist wirklich groß. Man betritt eine andere Welt, in der zuerst der Geruchssinn geweckt wird, es riecht angenehm nach Holz. Dann wissen die Augen einen Moment lang nicht, wo sie anfangen sollen, diese Vielzahl an Ausstellungsstücken zu sortieren. Beim Schneiden des Holzes hört man leises Schaben. An den Wänden hängen Intarsienarbeiten mit phantasievollen Formen, es sind ausdrucksstarke Holzarbeiten, die alle Unikate sind. Kunstvolle, kaleidoskopähnliche Muster sind in letzter Zeit entstanden, unnachahmlich und einzigartig.

Holz ist für Herrn Echtermann nicht nur ein Material, sondern sein Leben. Als er damit begann, sich künstlerisch mit Holz auseinanderzusetzen, merkte er schnell: Einlegearbeiten waren einfach sein Ding. Die Farbenpracht seiner Arbeiten beruht auf verschiedenen Hölzern aus der ganzen Welt. Sie werden aber weder gebeizt noch gefärbt. Rottöne stammen von Mahagoni und Rosenholz, Brauntöne vom einheimischen Nussbaum, gelbe Farben von Eibe und Esche, es werden auch schwarze Hölzer wie Ebenholz verwendet.

Etwas ganz Besonderes ist ein Grauton in einem seiner Werke, er stammt von einem Hunsrücker Baum. Durch einen Granateinschlag im letzten Krieg, von dem man noch Metallteile sehen kann, haben sich im Baum graue Schmauchspuren entwickelt, die dem Werk ein neues Farbenspiel verleihen.

Adresse Tannenweg 15, 56283 Mermuth | **Anfahrt** im Kreisel Emmelshausen von der B 327 auf die L 206 Richtung Gondershausen, nach diesem Ort rechts nach Mermuth abbiegen | **Öffnungszeiten** Mo–So und Feiertage 10–18 Uhr, Infos zu Kursen unter www.intarsien.de | **Tipp** Die Ehrenburg. Auf ihr kann man das Mittelalter erleben. Bogenschießen, Turmbesteigung, Ritterturniere und viel mehr mittelalterliches Spektakel wird angeboten (www.ehrenburg.de).

64 Das Heimatmuseum

Nichts wie weg hier

Die Mittelstrimmiger Mühle wurde 1949 als elektrische Genossenschaftsmühle in Eigenarbeit gebaut. Jeder Bauer durfte hier sein Getreide mahlen, war sein eigener Müller. Aber 1978 hatte es sich »ausgemüllert«, man richtete ein Heimatmuseum ein und gab damit der ehemaligen Mühle eine neue Verwendung. Neben den Gerätschaften der alten Mühle sind Werkzeuge für die Flachsverarbeitung zu sehen, auch eine Schusterwerkstatt wurde eingerichtet.

Interessant ist ein Artikel im Museumsfaltblatt über die Auswanderer im 19. Jahrhundert. Was müssen die Menschen damals verzweifelt gewesen sein, um eine solche Entscheidung zu treffen! Es war ja schon eine Weltreise, wenn man vom Vorderhunsrück nach Trier fahren wollte. Aber erst nach Amerika oder sogar Brasilien? Eigentlich unvorstellbar, aber wenn man nicht weiß, wie man seine Kinder oder auch sich selbst satt bekommen soll, sieht man die Auswanderung in ein gelobtes Land als letztes Mittel, um einen Neuanfang zu wagen.

Ausgelöst durch eine Art Klimakatastrophe, erfolgte im 19. Jahrhundert eine Missernte nach der anderen. Jahrelang war es zu heiß und zu trocken. Dann machte eine Mäuseplage das Saatgut zunichte, es folgte die Kartoffelfäule, und das wichtigste Grundnahrungsmittel stand nicht mehr zur Verfügung. Es war eine Hungersnot, die über weite Teile des Hunsrücks hereinbrach. In den 20er Jahren des 19. Jahrhunderts kam es zu einer regelrechten Auswanderungswelle: Durch die Versprechen der brasilianischen Regierung – Steuerbefreiung, kostenloses Land – wanderten Tausende Hunsrücker aus. Viele Familien wurden in Südamerika sesshaft, und da man sie vonseiten der brasilianischen Regierung sich selbst überließ, entstand eine starke Gemeinschaft, in der die Siedler sich gegenseitig halfen und meistens unter sich blieben. Die Nachkommen der Auswanderer sind übrigens heute noch stolz darauf, »hunsbuckelig zu schwätze«.

Adresse Museumstraße 1, 56858 Mittelstrimmig | Anfahrt beim Ort Kappel die B 327 verlassen, auf der L 421 bis Abzweig Blankenrath, dann auf der L 202 nach Mittelstrimmig fahren, von der Hauptstraße auf die Museumstraße links abbiegen | Öffnungszeiten Mai–Sept. So 14.30–16.30 Uhr und nach Vereinbarung | Tipp Die Traumschleife »Layensteig« sollte nur von schwindelfreien und trittsicheren Wanderern begangen werden. In der Mitte des Steiges sind sogar einige Stellen, die nur mit Leitern überwunden werden können.

65_Das Kino Heimat

Klein, aber »Reitzvoll«

Eigentlich ist das Morbacher Kino ein Caféhaus, in dem es leckeren Kuchen und besondere Kaffeespezialitäten gibt. Aber das Café ist nicht nur ein Café, sondern es bietet etwas ganz Außergewöhnliches, nämlich eine Ausstellung über das Leben und Werk von Edgar Reitz, dem weltbekannten Filmregisseur aus Morbach. Das Besondere: Café und Kino sind in seinem Elternhaus untergebracht. In der zum Kino umgebauten Garage führte der junge Edgar früher Filme vor. Man kann originale Drehbücher und Requisiten bestaunen, die für die weltberühmt gewordene Filmtrilogie »Heimat« benutzt wurden. Kostüme, Kleider und Utensilien aus der Zeit, in der die Filme spielten, und auch viele Kinoplakate und Bilder der Schauspieler sind zu sehen. Die Besucher freuen sich: »Ach, das ist doch die Marie Goot, die war doch im ersten Teil oft zu sehen!« Im Café hängen großformatige Schwarz-Weiß-Fotos von einzelnen Filmszenen an den Wänden.

Und manchmal riecht es nach Popcorn. Wenn freitags oder sonntags Kino-Time ist, werden Knöpfe gedrückt und Stühle gerückt. Zuerst werden im Nachbarraum die großen Fenster mit einer automatisch nach unten gleitenden schwarzen Jalousie abgedunkelt, dann fährt die Leinwand herab. Die Stühle werden Richtung Leinwand gestellt, und dann gibt das Team grünes Licht für cineastische und genussvolle Film-Highlights. Es sind nur 35 Plätze vorhanden, somit ist das »Kino Heimat« das kleinste Kino in Rheinland-Pfalz. Wer im privaten Kreis in angenehmer Caféhaus-Atmosphäre einen Film schauen oder zum Beispiel seinen Geburtstag auf besondere Weise feiern möchte, kann für sich, seine Freunde und Kollegen den Filmraum mieten.

Und noch etwas bietet das Kino Heimat: Jeden Mittwoch gibt es das Kurzfilm-Kaffee-Kuchen-Angebot. Aus einer Anzahl internationaler Kurzfilme kann der Gast einen Film auswählen und dabei Kuchen und Kaffee genießen.

Adresse Biergasse 5, 54497 Morbach | **Anfahrt** von der B 327 Abfahrt Morbach nehmen | **Öffnungszeiten** Mo–So 9–18 Uhr, Infos unter www.cafe-heimat-morbach.de | **Tipp** In der Metzgerei Kneppel am unteren Markt 3 gibt es das Sortiment »Ebbes von Hei«, übersetzt heißt das Regionale Spezialitäten von hier. So schmeckt der Hunsrück.

66 Der Ortelsbruch

Schaurig-schöne Moorgeschichten

Langsam sinkt er ein, ein Schuh ist schon im zähen Morast verschwunden, es gluckert und gluckst, der Fuß ist schon nass und kalt. Schmutzig braunes Moorwasser umschließt den armen Menschen und zieht seinen Körper langsam immer tiefer in den Schlamm. Durch dichten Nebel im Wald vom Wege abgekommen, hat er sich ins Moor verirrt. Bald steht ihm die braune Brühe bis zum Hals, noch sind seine Hände hilfesuchend nach oben gestreckt, aber er sinkt immer schneller, umwabert von Nebelfetzen. Dann zum Geheule eines wilden Hundes oder Wolfes ein letzter Hilfeschrei. Ein schreckliches Gurgeln, braune Blasen zerplatzen, weg ist der Arme, ertrunken im Hochmoor. Ein Rabe krächzt, das war's. So schaurig stellt man sich das Moor vor.

Jahrhundertelang fürchtete der Mensch das Moor, man ging nicht hinein, wenn man nicht musste. Es dauerte lange, bis die Menschen lernten, mit dem Moor etwas anzufangen, es zu entwässern, um Landwirtschaft auf dem neu gewonnenen Boden zu betreiben. Oder um Heizmaterial, den Torf, aus ihm zu gewinnen.

Rund um Morbach, der Name sagt es schon, sind im Lauf der letzten 9.000 Jahre einige Moore entstanden. Am wasserreichen Südhang des Idarwaldes bildeten sie sich, heute kann man sie gefahrlos betreten. Der Ortelsbruch ist als Naturschutzgebiet ausgewiesen, um die Quellmoore (Brüche) an der mittleren und unteren Hangkante des Idarwaldes zu schützen und zu erhalten. Zwei Holzstege führen den Besucher trockenen Fußes durchs Moorgelände, und er kann die enorme Artenvielfalt einer Moorlandschaft bestaunen. In diesem typischen Mittelgebirgs-Hangbruch wachsen besondere Pflanzen, und es gibt seltene Tiere. Der »Weg durchs Moor« ist der einzige Lehrpfad dieser Art im Naturpark Saar-Hunsrück, er wird deshalb auch von vielen Schulklassen besucht. Der Ortelsbruch ist kein Ort für Schauergeschichten mehr, sondern ein wunderschönes Erholungsgebiet erster Klasse.

Adresse Hochwaldstraße, 54497 Morbach | Anfahrt von der B 327 auf die L 160 Richtung Bruchweiler fahren, nach zwei Kilometern rechts zum Parkplatz abbiegen | Tipp Die historische Ölmühle ist nach ihrer Restaurierung ein Schmuckstück geworden, Besichtigung nach Absprache mit der Touristinformation Morbach unter Tel. 06533/71117.

67_Die Telefone

Paradies für Quasselstrippen

»Das Pferd frisst keinen Gurkensalat.« Unglaublich, dieser Satz ist der erste jemals durch ein Telefon übertragene Satz! Philipp Reis, der Erfinder des Telefons, soll ihn durch eine Art Mikrofon gesprochen haben. Er war Physiklehrer und baute um 1860 aus einer Wursthaut, die das menschliche Trommelfell darstellen sollte, einer Stricknadel, einer Magnetspule und einer Holzkiste das erste Telefon. Die Schwingungen der Wursthaut wurden auf eine Platinplatte übertragen, die das Gehörknöchelchen darstellen sollte. Ein angeschlossener Gleichstrom wurde durch den Rhythmus der Schallwellen unterbrochen, so konnten Töne in elektrische Signale umgewandelt werden. Die Stricknadel war mit einem Resonanzkörper verbunden, in diesem Fall mit der Holzkiste, aus der dann der geistreiche Satz kam: »Das Pferd frisst keinen Gurkensalat.«

Im Deutschen Telefon-Museum Morbach werden die Apparate und die Geschichte der Telefonie auf zwei Stockwerken erklärt. Das ist Geschichte, Telefongeschichte zum Anfassen. Die Entwicklung des Fernsprechwesens mit all seinen Facetten kann man hier auch interaktiv erfahren; viele der Exponate aus den verschiedenen Epochen sind mit den jeweiligen zeitlich zugehörigen Vermittlungseinrichtungen verbunden. Alle Apparate sind frei zugänglich, der Besucher kann sich in Bild und Ton über die Geschichte der elektrischen Kommunikation von den Anfängen bis heute informieren. Eine unglaubliche Vielfalt an Geräten ist hier zu sehen: Wandapparate, Standapparate, Kurbeltelefone und Designtelefone. Auch zu hören gibt es viel: »Falsch verbunden«, Zeitansage, Kinoansage, Pegelansage, »Leitung besetzt«, Klingeltöne, Morsezeichen, »dieser Anschluss ist vorübergehend nicht erreichbar, bitte rufen Sie die Auskunft an«.

Die Sammlung in Morbach ist die umfangreichste ihrer Art in Deutschland, sie wurde sogar ins Guinnessbuch der Rekorde aufgenommen.

Adresse Jugendherbergstraße 25, 54497 Morbach | Anfahrt von der B 327 abfahren, ab Morbach-Stadtmitte ist das Museum ausgeschildert | Öffnungszeiten Di–Sa 14–17 Uhr, So, Feiertage 10.30–17 Uhr | Tipp Bei einem Rundgang durch die Energielandschaft, ein Leuchtturmprojekt der Energiewende, erfährt man, wie die Stadt Morbach intelligentes Strommanagement nutzt, um sich autark zu versorgen (www.morbach.de).

68 Das Künstlerdorf

Kaffee, Kuchen, Gartenkunst

Was ist das für ein Ort? Egal, aus welcher Richtung man in das Dorf Hinzerath hineinfährt, überall stehen Kunstwerke. Am Bahnübergang eine moderne Installation. Auf einem Gerüst neben der Straße überdimensionierte, verrostete Schemel und Stühle aus Stahl. Ein blaues, aufrecht stehendes Ruderboot, an dem zwei Paddel lehnen. Auf der oberen Etage des Gerüsts ein Blumenstrauß aus Plastik. Neben der Installation steht ein kleiner Schaufelbagger, daran ein verblasstes Pappschild: »Heute Flohmarkt. Alles zu verkaufen«. Ach so. Ist gar keine Kunst.

Mitten im Ort ist eine Wiese, die mit Kieskreisen ausgelegt ist, Skulpturen sitzen auf Baumstämmen, und anscheinend diskutieren sie, ihre ausladenden Handbewegungen deuten auf ein lebhaftes Gespräch hin. Schräg gegenüber das »Café Pause«. Die Künstler Bruni Kluß und Rüdiger Luckow wohnen und arbeiten hier. Sie betreiben das urgemütliche Café, in dem es selbst gebackenen Vollwertkuchen und Brote mit Hunsrücker Schinken gibt. Manchmal finden in der Kaffeestube literarische oder auch musikalische Frühstücke statt. Auch die Kombination literarisch-musikalisches Frühstücken wird angeboten.

Doch nicht nur das Café, sondern auch der Garten hinter dem Haus ist sehenswert. Überall stehen und hängen Kunstwerke, aus gebranntem Ton, aus Metall und geschnitztem Holz, einige sind schon Teil des Gartens geworden, überwuchert zwar, aber man merkt die ordnende Hand, die dafür sorgt, dass man auf verschlungenen Wegen den Garten begehen kann. Von gelben Schwertlilien umstanden plätschert ein Springbrunnen im kleinen Teich. Fast wöchentlich werden Yoga-, Töpfer- und Schnitzkurse angeboten. Einmal im Jahr wird der große Garten neben dem Kreativhaus zum Kunstpark. Dann stehen hier unter Sonnenschirmen Staffeleien auf der Wiese, und viele kreative Menschen kommen zusammen zum Malen, Töpfern, Schnitzen und Musizieren.

Adresse Striegelsbungert 6, 54497 Morbach-Hinzerath | Anfahrt von der B 327 Abfahrt auf die L 159, im Ort zweite Straße rechts auf den Striegelsbungert abbiegen | Öffnungszeiten Di – Sa 14 – 18 Uhr, So, Feiertage 12 – 19 Uhr | Tipp Der Wanderweg »Traumschleife Land-Zeit-Tour« beginnt mitten im Ort und besteht aus einer Kombination aus Skulpturen, Infotafeln und der Burgruine Baldenau.

69 Die Wasserburg

Seerosen und Kois im Mittelgebirge

Die Burg Baldenau wurde als Grenzfeste errichtet. Balduin, Kurfürst und Erzbischof von Trier, ließ sie zum Schutz seines Territoriums erbauen und um den Sponheimer Grafen zu zeigen: bis hierher und nicht weiter. Im Dreißigjährigen Krieg wurde die Burg wie so viele andere zerstört, aber 1649 wieder instand gesetzt. Man dachte sogar daran, an dieser Stelle eine Stadt zu gründen, der Plan wurde aber nicht realisiert. Burg Baldenau war Mittelpunkt des kurtrierischen Amtes, von hier aus wurden die umliegenden Ortschaften verwaltet. Endgültig zerstört wurde sie dann von französischen Truppen des Sonnenkönigs Ludwig XIV.

Wenn man sich von Hundheim aus auf der K22 der Ruine nähert, liegt das alte graue Gemäuer malerisch inmitten von grünen Wiesen, und man fühlt sich an Irland erinnert. Im Hintergrund der Idarwald mit seinen dunklen Fichten. Beim Näherkommen fällt der Turm auf, er ist riesig im Vergleich zum Grundriss der Burg. 25 Meter hoch ist er und damit einer der höchsten Burgtürme im Hunsrück.

Aber das Erstaunlichste ist der Wassergraben. Rund um die Burganlage läuft ein mit Wasser gefüllter Graben. Und das im Hunsrück und obwohl die Burg 481 Meter hoch liegt. Gespeist wird er von der Kleinen Dhron, einem Bach, der aus einem Moorgebiet kommt. Über eine hölzerne Brücke gelangt man zur Ruine. Seerosen schwimmen auf dem Wasser und zwischen und unter ihnen rote Fische, tatsächlich Kois. Die Burganlage hat die Form eines Keils, sie ist etwa 50 Meter lang und circa 20 Meter breit. Der wuchtige dreiteilige Turm steht an der Südwestspitze und hat den stattlichen Durchmesser von zehn Metern. In den Turm konnte man nur gelangen, wenn man die Hocheingänge in zwölf Metern Höhe benutzte. Auch als Freilichttheater wurde die Baldenau schon genutzt, die Theatergruppe Hinzerath führte ein historisches Stück in historischen Mauern auf. Und »Kurfürst Balduins Bogenspectaculum« findet jedes Jahr Ende Mai, Anfang Juni statt.

Adresse 54497 Morbach-Hundheim | Anfahrt bei Hundheim von der B 327 abbiegen, im Ort der Beschilderung Baldenau folgen | Tipp Das Morbacher Telefon-Museum in der Jugendherbergstraße 25 ist für alle Quasselstrippen sehenswert, Öffnungszeiten Di–Fr 14–17 Uhr, Sa, So 10.30–17 Uhr (www.deutsches-telefon-museum.eu).

70__Das Bauernhofcafé

Die good Stuff

Ganz früher, also etwa vor 60 Jahren, wurden in den Dörfern auf dem Lande nicht immer alle Wohnräume geheizt. Die Küche war zwar warm, weil gekocht wurde, oft auf einem großen, mit Holz befeuerten Herd. Die Schlafzimmer jedoch wurden nur in grimmigen Wintern etwas geheizt, Schlafen bei offenem Fenster galt als gesund. Auch das Wohnzimmer, die gute Stube, wurde geschont, von der Wärme verschont. Es war vielleicht Sparsamkeit, vielleicht sah man aber auch die Notwendigkeit nicht, die »good Stuff« zu heizen, denn die Küche war ja schließlich Dreh- und Angelpunkt der Familie. Nur an hohen Festtagen wurde in der guten Stube Feuer gemacht, meistens an Weihnachten, wer wollte schon im Kalten seine Geschenke auspacken?! Bei Familienfeiern im Winter wurde dann noch einmal eingeheizt und vielleicht noch an Ostern, aber nur, wenn es draußen noch richtig kalt war.

Im Bauernhofcafé in Hunolstein gibt es auch eine »gute Stube«, die war aber früher mal ein Esszimmer. Als dort vor einigen Jahren das erste kleine Café eröffnet wurde, kamen zuerst nur ein paar Gäste, denen es dann aber so gut gefiel, dass sie immer wiederkamen und es auch weitersagten.

Irgendwann kamen so viele Gäste, dass die Gastgeber ihr eigenes Esszimmer zur Verfügung stellten und zum ersten Mal an eine Vergrößerung des Cafés dachten. Das Esszimmer wurde schließlich in das neue Café integriert; mit alten Holzmöbeln und herrlichen Bildern an der Wand wurde es zu einem gemütlichen Raum, zu einer »guten Stube«. Zum Kaffee gibt es selbst gebackenen Kuchen, wer es gern deftiger mag, bestellt sich eine Vesper mit Fleisch und Wurst von Tieren des Hofs. Aus Beeren aus dem eigenen Garten werden Marmeladen und Gelees hergestellt, von den umliegenden Streuobstwiesen kommt das Geistreiche. Was nicht selbst erzeugt werden kann, wird bei der Initiative »Ebbes von hei« besorgt, was heißt: »Etwas von hier«, aus der Region.

Adresse Hunolstein 2, 54497 Morbach-Hunolstein | Anfahrt beim Oderter Haus von der B 327 auf die K 99 abbiegen, vor dem Ort der Beschilderung »Bauernhofcafé« folgen | Öffnungszeiten Mi–So 11–19 Uhr | Tipp Vom Hof aus kann man einen Spaziergang zur Ruine Hunolstein machen. Von der Felsspitze aus geht der Blick weit ins Dhronbachtal hinein.

71__Das Belginum

Diese Gräber haben es in sich

Was würden wir heute sagen, wenn bei einer Bestattung dem lieben Verstorbenen sein Auto mit ins Grab gegeben würde? Unvorstellbar? Vor 2.000 Jahren war das üblich. Natürlich kein Auto, aber in einem keltischen Grab hat man einen Fürsten gefunden, der zusammen mit seinem vierrädrigen hölzernen Wagen begraben wurde. Auf dem Gräberfeld am Belginum wurden sensationelle Funde gemacht, mit denen man den Verstorbenen ein Gesicht geben konnte. Denn die Gräber haben es in sich: Man hat Waffen, Schmuck und Geschirr gefunden. Bei vielen Grabbeigaben zeigen die Gegenstände, welchen Beruf der Bestattete zu Lebzeiten hatte. Sogar das Besteck eines Zahnarztes wurde in einem der Gräber gefunden.

Der Archäologiepark Belginum ist ein Museum. Es wurde nach dem römischen Dorf, dem »Vicus Belginum«, benannt, das einst hier an der Fernstraße von Mainz nach Trier stand. Im Museum, das genau an dem Ort steht, wo früher das Dorf war, erfährt man, wie das Leben damals funktionierte. Anhand von Originalfunden wird gezeigt, was und wie die Menschen hier arbeiteten. Auch wie die Wasserversorgung funktionierte, ist anschaulich dargestellt, und vor allem, wie die damaligen Bewohner mit ihren Toten umgingen. Das hat sich im Lauf der Jahrhunderte, in denen das Dorf bewohnt war, immer wieder geändert, die Sitten und Gebräuche bei den Bestattungen haben variiert, Erd- und Feuerbestattungen haben sich abgewechselt.

Oft gab man den Toten auf ihrer letzten Reise auch etwas zu essen und zu trinken mit. Die Gefäße, in die die Gaben hineingelegt wurden, lassen auf große Handwerkskunst schließen. Aber auch von dem, was man als Wegzehrung mitgab, ist noch etwas erhalten. Ein schwarzes rundes Etwas mit einem Loch in der Mitte, etwa zwei Zentimeter groß, ist ein Plätzchen, ein Keks aus der Römerzeit. Die Wissenschaftler haben herausgefunden, dass es ein Haferkeks war, der »De Beukelaer« der Römerzeit.

Adresse Keltenstraße 2, 54497 Morbach-Wederath | **Anfahrt** Abfahrt von der B 327, wenn die Hinweisschilder »Belginum« auftauchen | **Öffnungszeiten** 26. März–3. Nov. 10–17 Uhr, weitere Infos unter www.belginum.de | **Tipp** Ein Besuch beim »Zauberbrunnenhersteller« kurz vor dem Bahnübergang in Hinzerath ist eine interessante Sache. Das Plätschern der Brunnen wirkt entspannend und beruhigend (Belginumstraße 67, www.zauberbrunnenschale.de).

72 Das Holzmuseum

Auf dem Holzweg

Weiperath – ein kleiner Ort und eigentlich nichts Besonderes, wenn das alte Schulhaus nicht wäre. Ein besonderer Bau, architektonisch interessant, und das ist Herrn Schinkel, dem berühmten Berliner Architekten, zu verdanken. Einer seiner Schüler entwarf dieses Schulhaus 1844 /45 mit klassizistischen Elementen.

Durch einen mehrere Meter hohen, in der Mitte durchgeschnittenen Baumstamm betritt man das Museum. Mit allen Sinnen wird hier Holz erlebt, zum Beispiel mit dem Geruchssinn: Wie riecht Birke, wie Buche, wie kann ich Eichengeruch erkennen? Tief taucht die Nase in mit Holzschnitzeln gefüllte Gläser. Aber Holz klingt auch gut, an einem Xylofon demonstriert das ein Mitarbeiter, indem er mit einem Klöppel eine Tonleiter und dann sogar ein Kinderlied spielt.

Kinder können mit Hanni Holzwurm, dem Maskottchen des Museums, eine Museumsrallye machen und im Holzspielraum mit der großen Holzkugelbahn und anderen Spielsachen aus Holz spielen.

Wie ein roter Faden zieht sich die Verwandlung des Baumes durch die Ausstellung. Vom Fällen des Baumes über die Verarbeitung bis hin zu seiner vielfältigen Verwendung wird jeder einzelne Schritt anschaulich und interessant dargestellt. Beim Rundgang kommt auch die Geschichte der Holzindustrie rund um Morbach nicht zu kurz. Anhand von Schautafeln bekommt der Besucher schnell einen Einblick in den vielfältigen Werkstoff Holz. Und mittels sorgfältig ausgesuchter Exponate, zum Beispiel kunstvoll bemalter Hutschachteln aus dem vorigen Jahrhundert, geschnitzter Kruzifixe, Holzschuhen und dem Verpackungsmaterial Holzwolle, kann man die ganze Bandbreite der Holzprodukte sehen. Eine komplett eingerichtete Stellmacherwerkstatt ist ebenfalls zu besichtigen. Schmuckstück ist die immer noch funktionierende Horizontalgattersäge aus dem Jahr 1920, die laut ratternd große Baumstämme in Längsrichtung zur Herstellung von Brettern und Balken auftrennt.

Adresse Weiperath 79, 54497 Morbach-Weiperath | Anfahrt von der B 327 auf der K 99 nach Weiperath bis zur Nummer 79 | Öffnungszeiten 3. April–31. Okt. Di–Sa 14–17 Uhr, So, Feiertage 10.30–17 Uhr; 1. Nov.–31. März Sa 14–17 Uhr, So, Feiertage 10.30–17 Uhr | Tipp Ein paar Dörfer weiter liegt Berglicht, von hier aus lohnt sich eine Wanderung zum »Berger Wacken«, einem der größten Quarzitfelsen im Hunsrück.

73 Karl May

Howgh, der große Manitu hat gesprochen

»Möge der große Manitu dir auf all deinen Wegen sicheres Geleit geben, mein Bruder, und dich in Mörschied einen Parkplatz für dein vierrädriges eisernes Gefährt finden lassen. Sodann kannst du mich auf meinem treuen Rappen Hatatitla auf der Bühne reiten sehen. Howgh, ich habe gesprochen!«

Seit 1990 finden auf der Freilichtbühne Mörschied die Karl-May-Festspiele statt. Bei jeder Vorstellung sind bis zu 45 Schauspieler und 15 Pferde auf der Bühne. Die Fläche, auf der gespielt wird, ist 100 Meter lang und 25 Meter tief. 13 Auf- und Abgänge für Darsteller und Pferde sind in die künstliche Felslandschaft eingebaut, die in den Hunsrücker Mischwald eingebettet ist.

Eine sagenhafte Kulisse, die jedes Jahr umgebaut wird, je nachdem, welches Stück gespielt wird. Mal steht ein Ölturm auf der Bühne, mal ist eine Hängebrücke zu bauen, aus einer Missionsstation wird im nächsten Jahr ein Fort. Auch Berge werden auf der Mörschieder Bühne versetzt, abgetragen oder neu aus wetterfestem Kunststoff gebaut.

Hinter der Bühne sind die Räume für die Requisiten, erstaunlich, alle Lederjacken sind in Eigenarbeit gefertigt und mit aufwendigen Perlenstickereien versehen.

Indianerperücken hängen hier, in Kisten liegen Tomahawks, und Speere stehen an der Wand. Für eine 2,5-stündige Aufführung proben die Akteure über 100 Stunden.

Mit den Unbilden des Wetters und des launischen Hunsrücker Sommers hat die Freilichtbühne immer wieder zu kämpfen. Sintflutartige Regenfälle lassen dann aus Schlachten Schlammschlachten werden, und an den Marterpfahl gebundene Gefangene drohen zu ertrinken, ehe sie erschossen werden.

Die Mitglieder des Vereins leisten jedes Jahr Erstaunliches für ihre Bühne. Insgesamt hat die Bühne seit 1990 über 120.000 Menschen begeistert. This show must go on.

Adresse 55785 Mörschied | Anfahrt auf der B 327 Richtung Bruchweiler auf die L 159 abbiegen, in Bruchweiler auf die L 160, dann Ausschilderung Mörschied, in Mörschied dem Schild »Freilichtbühne« folgen, Ticket-Hotline 0651/9790777 | Tipp Im Nachbarort Kirschweiler in der Wasserschieder Straße 6 ist eine interessante Schmuck- und Mineralienausstellung zu sehen. Außerdem kann man dem Schleifer über die Schulter schauen (Tel. 06781/35735).

74__Die Geierlay

Ein Traum wird wahr

Wer kommt auf die verrückte Idee, eine 100 Meter tiefe Schlucht im Hunsrück mit einer 360 Meter langen Hängeseilbrücke zu überspannen, und warum? Diese Art von Brücken kennt man aus Nepal, es kommen einem reißende Gebirgsbäche am Mount Everest, lastenschleppende Sherpas in den Sinn.

Aber Mörsdorf und Nepal, der Vergleich hinkt gewaltig. Drei Männern aus der Gegend, die sich selbst die »Brückenträumer« nennen, ist es gelungen, dieses gewaltige Projekt zu stemmen. Zunächst wurden sie ausgelacht und nicht ernst genommen, aber nun überspannt eine faszinierende, filigrane Konstruktion, die von einer Schweizer Firma gebaut wurde, die Schlucht. Am neu errichteten Besucherzentrum parkt und bezahlt man zur Erhaltung Brückenzoll in Form eines Parktickets, hier liest man auch die ernst gemeinte Empfehlung »Letzte Toilette vor der Brücke«.

Über 400.000 Menschen sind seit der Eröffnung über die Brücke gegangen. Manche nur ein paar Schritte, weil sie den schwindelerregenden Blick in die Tiefe nicht ertrugen, manche sind auf der Hälfte umgekehrt, da die Brücke doch ein bisschen schwankt, andere laufen nur einmal hin und her und machen ein paar Selfies, Wanderer haben die Möglichkeit, die Brücke in einen der umliegenden Wanderwege zu integrieren.

An manchen Tagen ist die Gegend um die Brücke voll gut gelaunter Menschen, die einen freuen sich auf das Abenteuer Brücke, den anderen, die schon von der Brücke kommen, steht die Freude ins Gesicht geschrieben, weil sie etwas Besonderes, etwas Spannendes, erlebt haben. In den Ferienmonaten ist es schwer, einen Parkplatz zu finden. Aber in der kalten Jahreszeit, wenn der Nebel wabert, vielleicht ein bisschen Schnee gefallen ist, wenn der Wind unangenehm durch das Tal fegt und die Brücke doch ein bisschen zum Schwanken bringt, dann sollte man die Brücke besuchen, dann kommt tatsächlich Nepalfeeling auf.

Adresse 56290 Mörsdorf | **Anfahrt** Von der B 327 in Kastellaun auf die L 204, am Besucherzentrum in der Hauptstraße parken, dann den Hinweisschildern im Ort zur Brücke folgen | **Tipp** Nach der Überquerung das Brückencafe in Sosberg besuchen, Kaffee, Kuchen und deftige Gerichte (Öffnungszeiten Di–So 11–18 Uhr, www.gaestehaus-sosberg.de).

75_Der Backes

Unterschlupf bei Oberhitze

Die Kirche im Ort: wichtig für die Labsal der Seele. Die Schule: wichtig für das geistige Futter. Und der Backes war früher der Ort, wo das tägliche Brot gebacken wurde. Hier war immer etwas los, es wurde getratscht und erzählt. Viele dieser Backhäuser wurden in Fronde geschaffen, das heißt, alle Männer der Gemeinde mussten beim Bau mithelfen. Der eigentliche Backofen wurde aber meistens von umherziehenden Ofenbauern aus der Eifel eingebaut. Bei den verwendeten Eifeler Steinen handelte es sich um vulkanisches Gestein, das sich durch das Feuer schnell erwärmte und die Hitze lange hielt. Wichtig war, dass die Hitze langsam und gleichmäßig abgegeben wurde. Die maßgeschneiderten Steine wurden früher mit Pferdefuhrwerken aus der Eifel in den Hunsrück transportiert und hier in den Backhäusern millimetergenau zusammengesetzt. Durch ein Probebacken wurde die Funktion des neuen Backofens überprüft. War alles in Ordnung, zog der Steinmetz weiter.

Der Morshausener Backes ist das älteste Gebäude im Ort, es stammt aus dem 16. Jahrhundert, und bis in die 1960er Jahre wurde hier noch Brot gebacken. Viele Backhäuser waren zweigeschossig: Unten wurde gebacken, und im Raum darüber wurden Gemeindefragen erörtert, auch war das obere Geschoss als Nachtlager für durchziehende Handwerker vorgesehen. Die Chance, ein Stück Brot oder Kuchen zu ergattern, war bei dieser Übernachtungsmöglichkeit groß. Die oberen Stockwerke wurden auch oft als Winterschule und Lehrerwohnung genutzt.

Zwar wurden viele Backhäuser aufgegeben, doch mittlerweile haben sich überall Initiativen gebildet, um solche Backhäuser zu retten. Das beste Beispiel ist Morshausen: Vorbildlich renoviert, wird im ältesten Backhaus des Hunsrücks bei besonderen Anlässen gebacken. Und oben, im zweiten Geschoss, ist dem wohl berühmtesten Morshausener, dem Hunsrückdichter Jakob Kneip, ein Museum eingerichtet.

Adresse Ehrenburgstraße 2a, 56283 Morshausen | Anfahrt im Kreisel Emmelshausen auf die L 206 Richtung Brodenbach abbiegen | Öffnungszeiten Infos beim »Hobbymuseumsführer« unter Tel. 02605/4576 | Tipp Besuchen Sie das Restaurant »Historische Mühle Vogelsang« unterhalb der Ehrenburg bei Brodenbach an der Mosel mit einem gemütlichen Biergarten. Öffnungszeiten Mo–Fr 11–22 Uhr, Sa, So 10–22 Uhr.

76 Der alte Brennofen

Heiße Vergangenheit

In jeder Epoche der Menschheit gab es Tongefäße. »Terrakotta«, gebrannte Erde, nannten die Römer ihre Produkte. Darunter waren Amphoren, in denen Wein und Öl aufbewahrt wurden. Ein dichtes Netz von Töpfereien versorgte die Menschen mit Geschirr für den Hausgebrauch. Das Herstellen der Töpferware funktionierte damals wie heute nach dem gleichen Prinzip. Der Tonklumpen wird auf die Töpferscheibe gelegt und zentriert. Dann gehts rund. Der Töpfer formt mit den Händen den Ton, und nun entsteht in mehreren Aufzügen die Form, sei es Topf, Tasse oder Teller. Der Rohling trocknet nun ein paar Tage, dadurch wird er härter und schrumpft. Dann kommt er in den Brennofen. Moderne Brennöfen werden heute elektrisch oder mit Gas beheizt, sind gut zu kontrollieren und können bis zu 1.280 Grad heiß werden.

Der historische Ofen von Herrn Wingenter ist ziemlich alt und besonders groß. Zum letzten Mal wurde 1993 in ihm gebrannt. Dieser sogenannte Tunnelofen ist sieben Meter lang und zwei Meter hoch und wurde mit Buchen- und Eichenholz auf 1.220 Grad erhitzt. Zum Hineinstellen der Gefäße wurde die Eingangsmauer geöffnet, circa 2.000 Gefäße passten hinein. Dann wurde die Eingangstür bis auf ein kleines Guckloch zugemauert. Nun wurde geheizt. Der Ofen benötigte circa 30 Festmeter Holz.

Nach dem Abkühlen des großen Ofens und dem Öffnen des Eingangs wurde es für den Töpfer spannend. Wie viele Gefäße waren wohl zersprungen? Die Töpferei im Hunsrück war früher zweckorientiert, einfache Ware für den Haus- und Alltagsgebrauch wurde hergestellt, vernünftige Formen und eine haltbare und schöne Salzglasur. Dafür wurden drei Zentner Kochsalz benötigt, die bei 1.220 Grad in den Ofen geschüttet wurden. Nach dem erfolgreichen Brennen wurden die Teile aus dem Ofen genommen und für den Verkauf vorbereitet. Heute werden die Produkte der ältesten Töpferei des Soonwaldes in einem Gasofen gebrannt.

Adresse Struthof 11, 55595 Münchwald | Anfahrt von der B 50 in Ellern auf die L 239 abbiegen | Öffnungszeiten Mo–Do 9–18 Uhr, Fr–Sa 9–15 Uhr | Tipp Im Waldlädchen im Forstamt Neupfalz ist Wildfleisch aus dem Soonwald erhältlich (www.wald-rlp.de).

77 Der Hochkessel

Ein Einsiedler wird gesellig

Aus welcher Richtung der Wind auch kommt, am 421 Meter hohen Hochkessel pfeift er immer. Wo der Hunsrück zur Mosel abfällt, steht dieser Berg, und er birgt rund um seinen Gipfel einige interessante Geschichten. Dass schon ganz früh Menschen hier oben waren, beweist ein Fund aus der Steinzeit, eine Axt aus hartem Schiefer. Keltischen Ursprungs sind die Überreste einer Fliehburg, in der man auch Mahlsteine und Werkzeuge aus gallischer Zeit gefunden hat. Ein 140 Meter langer und 40 Meter breiter Ringwall ist auf dem Gipfelplateau zu erkennen. Knorrig verwachsene Buchen, ihre moosbedeckten Wurzeln scheinen Gesichter zu haben. Auffallend an der Nordseite des Hochkessels liegt ein mächtiger Basaltfelsen inmitten von Schiefergestein, ein einzigartiger geologischer Ort im Hunsrück.

Unterhalb dieser Felswand steht ein seltsames Gebäude, im Gegensatz zur schwarzen Felswand aus vulkanischem Gestein ist es aus rötlichen Schieferbruchsteinen. Am Eingang ein Warnhinweis: »Vorsicht Steinschlag«.

In dieser Einsiedelei soll ein Mönch mit Namen Bruder Heinrich gelebt haben. Der Sage nach soll er hier mit seiner Ziege gehaust haben. Sein Tagwerk bestand darin, in aller Frühe aufzustehen, um in der Kirche auf dem benachbarten Petersberg der heiligen Messe beizuwohnen. Danach pilgerte er zum Frühstücken zu den Nonnen ins Kloster Stuben an der Mosel. Dann setzte er mit dem Kahn auf die andere Flussseite über, um im Ort Bremm einige Winzerkeller zu besuchen, in denen er umsonst Wein bekam. Zu Fuß ging es dann weiter zum nächsten Ort, in dem er in der Halfenstation einkehrte, in der die Treidler und ihre Pferde ausruhten. Dort wurde er verköstigt. Dann ließ er sich mit einem Kahn übersetzen und machte sich auf den Weg zu seiner Einsiedelei, die er mehrfach verfehlte, da er sich durch übermäßigen Weingenuss in der wilden Nordseite des Hochkessels verirrte.

Adresse 56858 Neef | Anfahrt in Kappel die B 327 verlassen, auf der B 421 nach Zell/Mosel, auf der L 199 nach Bullay, von dort dem Schild nach Neef folgen, parken an der Mosel, dem Wanderschild »Hochkessel« folgen | Tipp Viele Winzerschänken und Straußwirtschaften im Ort Neef halten für den Wanderer deftige Winzervespern und natürlich Wein aus der Lage »Neefer Frauenberg« bereit.

78 Der Märchenhain

Die Rentnergang packt an

Im Jahr 1927 begann der Bildhauer Ernst Heilmann, eine Idee umzusetzen, die er schon länger im Kopf hatte: Er baute einen Märchenhain mit Figuren der Grimm'schen Märchen in den Wald hinter dem Ort. Überall standen Märchenfiguren und Gruppen herum, aber nicht einfach nur so; Heilmann hatte für jedes Märchenthema entsprechende Gegenstände gesammelt und sie wirkungsvoll um die einzelnen Themen gruppiert. Das Besondere an seinen Figuren war, dass er vor Ort in Niederheimbach Kinder und Erwachsene suchte, die ihm Modell standen. Dann schuf er sie in Stein und bemalte sie kunstvoll. Auch Frau und Tochter standen ihm bei einem Märchen als Modelle zur Verfügung.

Bald waren sie alle versammelt, Hänsel und Gretel mit der bösen Hexe, Schneewittchen und die sieben Zwerge, auch der Wolf mit den sieben Geißlein war in Stein gemeißelt. Man konnte auch Einzelfiguren wie den Däumling oder Hans im Glück besichtigen. Im Jahr 1953 zählte man den 500.000. Besucher, der Märchenhain von Niederheimbach war zu einem bekannten Ausflugsziel geworden. Aber Phantasialand, Holidaypark und Vergnügungsparks mit weit mehr Nervenkitzel ließen die Besucherzahlen schrumpfen. Mitte der 80er Jahre wurde der Märchenhain geschlossen, das Gelände und die Figuren verfielen immer mehr. Doch durch eine Privatinitiative von Rentnern wurden die Figuren vor dem Verfall gerettet. Köpfe wurden wieder aufgesetzt, Arme und Beine neu modelliert, ein neuer Anstrich verpasst.

Am Champtoceaux-Platz im Ort stehen heute Hänsel und Gretel, man trifft auf dem Kuhweg den gestiefelten Kater, kommt am Froschkönig und am Däumling vorbei. Der Weg endet sinnigerweise am Kindergarten mit dem Wolf und den sieben Geißlein. Der Kindergarten trägt übrigens den Namen »Märchenhain«. Er befindet sich – den Erbauer des ehemaligen Märchenhains würde es bestimmt freuen – in der Ernst-Heilmann-Straße.

Adresse Ernst-Heilmann-Straße 27, 55413 Niederheimbach | **Anfahrt** von der E 42 in Rheinböllen auf die L 224 zum Rhein, dort auf der B 9 nach Niederheimbach, parken am Champtoceaux-Platz | **Tipp** Der Kiosk am Rheinufer, eine ehemalige Anlegestelle der Köln-Düsseldorfer Reederei, bietet einen herrlichen Blick auf Vater Rhein.

79_Der Bostalsee

Nicht ganz dicht

Über 40 Jahre ist es her, dass die Idee in den Köpfen einiger Politiker und Tourismusmanager herumspukte: Wir legen einen See an. In der Region waren Arbeitsplätze weggefallen, und so dachte man darüber nach, wo Arbeitsplätze für die Zukunft herkommen könnten. Von einem See? An seinen Ufern sollten ein Badestrand, ein Segelrevier, verschiedene Sportanlagen und ein Campingplatz entstehen. Jedes Großprojekt stößt am Anfang auf Bedenken, aber hier waren sich Bevölkerung und Politik einig: Der See muss her. Für das künstliche Gewässer musste kein Dorf geflutet werden, lediglich Wiesenland sollte unter Wasser gesetzt werden.

Am 3. April 1973 war der erste Spatenstich. Für die beiden Zuflüsse Bos und Dämelbach wurde ein Staudamm errichtet. Dann folgte das erste Probestauen. Doch leider konnte der Damm das Wasser nicht halten, er war undicht. Zwei Jahre lang wurden Baufehler gesucht, es wurde saniert, prozessiert und abgedichtet. Im Herbst 1975 erfolgte die zweite Aufstauung, jetzt war der Damm endlich dicht. Am 23. Mai 1979 war die Eröffnung. Nicht nur die Bauzeit war länger geraten, auch die Kosten waren gestiegen. Aus sieben Millionen D-Mark waren 39 geworden. Es war die größte touristische Investition, die es bis dahin im Saarland gegeben hatte. 2008 kamen noch ein Center Park mit 500 Häusern und ein Freizeitzentrum hinzu.

Jetzt ist das Gewässer mit 500 Metern Länge und 18 Metern Tiefe der größte See des Saarlands und zieht jedes Jahr eine Viertelmillion Übernachtungsgäste an.

Wenn man heute über die glitzernde Wasserfläche schaut, ist kaum vorstellbar, dass hier einst Wiesen- und Ackerland war. Alles, was man auf und in einem richtigen Gewässer machen kann, ist auf dem Bostalsee möglich: Angeln, Segeln, Schwimmen, Tretbootfahren und Tauchen. Das Ziel, Arbeitsplätze zu schaffen und den Tourismus anzukurbeln, ist mit diesem Großprojekt erreicht worden.

Adresse 66625 Nohfelden | Anfahrt von der B 327 bei Hermeskeil auf die A 1, beim Dreieck Nonnweiler auf die A 62, Abfahrt Bostalsee | Tipp Im Gift- und Heilkräutergarten in Türkismühle wachsen auf 4.000 Quadratmetern über 400 Pflanzen, die in der Medizin Verwendung finden (www.gift-heilkräutergarten.de).

80 Die Kriegsgräberstätte

Ich hatt einen Kameraden

Versteckt liegt die Kriegsgräberstätte in einem Waldstück. Links neben dem Eingang an einer Wand werden die Namen der im Zweiten Weltkrieg vermissten und gefallenen Männer aus Pfaffenheck aufgeführt, zum Gedenken. Auf der gleichen Wand stehen die Namen der »in schweren Kämpfen« gefallenen Soldaten, über den Namen der Hinweis, dass es sich bei den Gefallenen größtenteils um Soldaten der sechsten SS-Gebirgsjägerdivision Nord handelt.

Was bei diesem Friedhof auffällt: Auf vielen Metallplatten steht »Unbekannter Soldat«. Aus der Kriegsgeschichte weiß man, dass in Pfaffenheck Mitte März 1945, also noch kurz vor Kriegsende, Truppen der deutschen Wehrmacht und der Waffen-SS die anrückenden Amerikaner auf ihrem Weg von der Mosel zum Rhein aufhalten sollten. Die Truppen trafen aufeinander, und vom 14. bis zum 16. März kam es zu einer heftigen Schlacht, in der es sowohl bei den Amerikanern als auch bei den deutschen Truppen viele Verwundete und Tote gab. Nach zwei Tagen siegten die Amerikaner, und man begann die Toten zu bergen. Deutsche Kriegsgefangene bargen die amerikanischen Toten.

Am 17. März begann man mit der Bergung der deutschen Soldaten. Die deutschen Soldaten wurden aber erst beerdigt, als man ihren Rang und ihre Truppenzugehörigkeit geklärt hatte. Bis es so weit war, lagen sie, in Zeltplanen eingewickelt, am Straßenrand. Das dauerte ein paar Tage. Zeitzeugen berichten, dass bei vielen Toten die Stiefel gestohlen, die Brusttaschen der Uniform aufgeschlitzt und ihre Erkennungsmarken entwendet wurden. Das könnte zumindest eine Erklärung für die vielen Unbekannten auf diesem Friedhof sein. Zu seiner Einweihung und auch bei späteren Gedenktagen erschienen Überlebende der Einheit und Vertreter der SS-Hilfsgemeinschaft für Angehörige der ehemaligen Waffen-SS. Das führte in den 1990er Jahren zu Protesten, und manche Gedenkfeier musste unter Polizeischutz stattfinden.

Adresse 56283 Nörtershausen-Pfaffenheck | Anfahrt direkt an der B 327 gelegen, abbiegen bei Hinweisschild »Parkplatz Kriegsgräberstätte« | Öffnungszeiten jederzeit zugänglich | Tipp Fahren Sie von Pfaffenheck aus mit dem Auto auf der L 207 nach Alken: Die Burg Thurant an der Mosel ist ein lohnenswertes Ausflugsziel. Öffnungszeiten Mai–Okt. 10–18 Uhr; Nov.–Feb. 10–16 Uhr; März, April 10–17 Uhr (www.thurant.de).

81 Das Filmhaus

Ort der Sehnsucht

Was machen Filmleute nicht alles, damit das Publikum seinen Spaß hat, in Begeisterungsstürme ausbricht und das Kino am Ende voller Eindrücke verlässt! Große Kriegsschlachten wurden mit Tausenden Komparsen nachgestellt, der Regisseur Werner Herzog ließ ein großes Schiff über einen Berg am Amazonas ziehen, und Edgar Reitz ließ für seine weltbekannt gewordene Trilogie »Heimat« ein baufälliges, 200 Jahre altes Fachwerkhaus aus Seibersbach im Vorderhunsrück von geschulten Restauratoren abtragen. Anschließend transportierte man die Balken und alles, was noch verwertbar war, an einen besonderen Ort hoch über dem Rhein und baute das Haus für den Film in mehrmonatiger Arbeit wieder auf. Im Laufe der Filmhandlung wurde das Gebäude restauriert, und es spielte eine entscheidende Rolle in der Geschichte von »Heimat 3«.

Nach Abschluss der Dreharbeiten war für den »fliegenden Bau« der Abriss geplant, da das Haus mitten im UNESCO-Welterbe Mittelrheintal lag. Eine regionale Initiative bemühte sich, aus dem Filmdrehort ein Gasthaus mit kultureller Begegnungsstätte zu machen. Aus der ehemaligen Filmkulisse ist schließlich ein Ort geworden, der einen phantastischen Blick auf das tief eingeschnittene Mittelrheintal und die Stadt Oberwesel mit ihren mittelalterlichen Mauern und Türmen bietet. Außerdem gibt es eine Gastronomie, die sich der regionalen Küche verbunden fühlt. Im oberen Stockwerk sind Filmrequisiten aus »Heimat 3« zu bewundern, und unter der schattenspendenden dicken Kastanie, die vor dem Haus steht, soll schon William Turner, der englische Landschaftsmaler, Bilder und Skizzen vom Rhein angefertigt haben.

In der Filmgeschichte beschließen zwei Musiker, das alte, heruntergekommene Haus zu ihrem Lebensmittelpunkt zu machen. »Ort der Sehnsucht«, so schwärmt die Sängerin Clarissa Lichtblau bei der Begegnung mit ihrer Jugendliebe Hermann Simon, der im Film aus dem Hunsrück stammt.

Adresse Siebenjungfrauenblick, 55430 Oberwesel | Anfahrt von der A 61 bei Wiebelsheim auf die L 220 abbiegen, in Oberwesel auf die K 95 | Öffnungszeiten täglich 12–18 Uhr, Infos unter www.guenderodefilmhaus.de | Tipp Im Ort Urbar sollte man den Aussichtspunkt Maria Ruh besuchen. Hier hat man einen herrlichen Blick auf die Loreley, Deutschlands berühmtesten Felsen.

82 Der Disibodenberg

Das Kloster der heiligen Hildegard

Der Kassenautomat ist defekt. Eine freundliche Frau unterbricht ihre Gartenarbeit, um den Eintritt für die Klosteranlage zu kassieren. Dabei gibt sie eine detaillierte Beschreibung der Kraftorte, die man auf dem Bergplateau vorfinden wird. Außerdem erklärt sie, welche Route man oben nehmen kann, Rundweg oder Meditationsweg.

An einem Modell der gesamten Klosteranlage vorbei führt der Weg steil nach oben. Dort angekommen, lockt die erste große Ruine, ein kleiner Pfad führt hoch und dann hinein in den ehemaligen Weinkeller des Klosters. Riesig muss er gewesen sein und viele hundert Fässer gefasst haben. Die hohen Außenmauern eines weiteren Gebäudes weisen Restaurierungsspuren auf, es wäre für die Besucher sonst zu gefährlich gewesen, in dem ungesicherten Gemäuer unterwegs zu sein. Dann kommt nach Plan ein Kreuzgang, hier liegt alles flach, und von der nun folgenden Kirche ist auch nur noch der Grundriss zu erkennen, eine Apsis und zwei Querschiffe. Wer hier oben auf den Spuren der heiligen Hildegard wandeln will, geht den Meditationsweg, der rund um den Klosterbezirk führt. Auf begleitenden Tafeln sind Psalmen zu lesen und darunter ihre Auslegung durch die heilige Hildegard. Ganz hinten, im letzten Fünftel des Gemäuers, soll sich ein erster Kraftort befinden. Da steht eine große, alte, zweistämmige Eiche, eine Frau lehnt mit geschlossenen Augen daran, den Kopf zum Himmel gerichtet. Dann die Frauenklause, in die Hildegard 1112 einzog, in der sie 1142 ihr erstes theologisches Werk, die Scivias, verfasste.

Für eine Frau im Mittelalter hatte Hildegard eine erstaunlich fundierte Ausbildung bekommen. Sie schrieb große theologische Schriften, sie machte botanische Studien, und in ihrem langen Leben kam ein viel beachtetes kompositorisches und dichterisches Werk zusammen. Ihre Heiligsprechung war schon 1228 unter Papst Gregor IX. geplant. 2012 unter Papst Benedikt XVI. war es dann endlich so weit.

Na ja, einige Dinge dauern bei Kirchens halt etwas länger.

Adresse Disibodenbergerhof, 55571 Odernheim | Anfahrt von der E 42 kommend in Kirchberg auf die B 421 bis nach Bad Sobernheim, da auf der L 232 nach Staudernheim, im Ort auf die Straße Am Rossmarkt, dann weiter Im Klosterberg | Öffnungszeiten April–Okt. Fr 14–17 Uhr, Sa 12–18 Uhr, So, Feiertage 11–17 Uhr | Tipp Einen schönen Blick ins Nahetal hat man vom Orchideenhang am Staudernheimer Hang an der L 232. In diesem rekultivierten Weinberg wachsen ein besonderer Wein und eben auch Orchideen.

83 Der Wasserkraft-Grill

Hier rotiert das Huhn

Der Ort liegt eingebettet zwischen einem steil aufragenden Wald und Felshängen im Tal der Dhron. Im Ortsschild ist ein Mühlrad zu sehen. An einer Hauswand ein großes Gemälde, das ebenfalls ein Mühlrad zeigt, und in der Harpelsteinstraße drehen sich viele kleine Mühlräder im Miniaturformat. Liebevoll und detailgetreu nachgebaut laufen die kleinen Wasserräder, es plätschert, gluckst und gluckert. Die kleinen Modellmühlen vermitteln den Eindruck eines Miniaturdorfes. Gleich um die Ecke aber stehen ein riesiges hölzernes Wasserrad und daneben ein gemauerter Grill. Wer genau hinschaut und über die Verbindung Wasserrad und Grill nachdenkt, dem wird klar, worum es hier geht: Das Wasserrad ist mit dem Grill durch eine Eisenstange verbunden, die sich dadurch dreht. So braucht man keinen Strom, um den original Hunsrücker Spießbraten oder ein leckeres Grillhähnchen rotieren zu lassen. Ein genialer Einfall von Herrn Meter, der auf der anderen Straßenseite ein Hotel betreibt. Er ist auch der Erbauer der kleinen Modellmühlen, die von Besuchern gerne fotografiert werden.

Der Ort Papiermühle macht also seinem Namen alle Ehre. Die ersten Mühlen wurden hier schon im 16. Jahrhundert betrieben. Eine Urkunde über den Kaufvertrag einer der ersten Mühlen stammt aus dem Jahr 1731. Um 1800 waren sechs Mühlen im Ort vorhanden. Die meisten waren Getreidemühlen, nur eine davon eine Papiermühle. Für die Herstellung von Papier benötigte man Zellstofffasern, Stofffetzen, Lumpen und abgenutzte Leinen- und Hanftextilien. Die oft schlecht angesehenen Lumpensammler sorgten für Nachschub in den Papiermühlen. Die Materialien wurden von Frauen sortiert – eine üble, unhygienische Arbeit –, dann in Fetzen geschnitten und in einem mit Wasserkraft laufenden Stampfwerk zerfasert. Dann wurde der Brei gewässert, gekocht und mit Metallsieben abgeschöpft und getrocknet. Das Endprodukt war Papier in verschiedenen Formen.

Adresse Harpelsteinstraße, 54470 Papiermühle | Anfahrt von der B 327 bei Thalfang auf die L 155 und weiter nach Neumagen | Tipp Von der Terrasse des Restaurants Zummethof hat man einen einzigartigen Blick auf die große Moselschleife (www.zummethof.de).

84 Das Bildchen

Wallfahrtsort mit Hindernissen

Eine einsam stehende Kapelle im Wald mit einem Muttergottesbild an der Stirnwand, eigentlich ist das nichts Besonderes, aber was sollen die vielen Bänke im Wald und was der Hochsitz vor der Kapelle? Die Bänke sind wie in einer Arena halbkreisförmig angeordnet, im Mittelpunkt steht die Kapelle. Davor befindet sich der Hochsitz, der eine Brüstung aus grün gestrichenen Brettern und eine schiefergedeckte Überdachung hat. Wer schießt von hier aus? Wenn man das Wort »Hochsitz« durch den jagdlichen Ausdruck »Kanzel« ersetzt, ergibt es einen Sinn. Hier wird nicht geschossen, höchstens mit frommen Worten: Hier wird gepredigt und gebetet.

Manche Wallfahrt endet hier an der Kapelle im Wald, die sogar eine kleine Glocke auf dem Dach hat, die mit einem Seil geläutet wird. Viele Votivtafeln sind im Innern: »Maria hat geholfen«, kann man lesen, oder auch: »Dank der lieben Gottesmutter für Beistand in der Berufswahl«. Auch zwei Gedichte hängen hier. In dem einen Gedicht wird mit frommen Reimen um Segen und Unterstützung gebeten, im anderen geht es um die Geschichte der Kapelle. Mathes, ein Bürger Peterswalds, hatte vor 150 Jahren an dieser Stelle eine Marienerscheinung. Er hörte sogar eine Stimme, die aus einem Baum zu ihm sprach: »Baue hier eine Kapelle!« Aber das Land gehörte dem Bistum, das das Vorhaben ablehnte. Mathes jedoch blieb stur, er ging bis zum preußischen König, dann durfte die Kapelle gebaut werden. Seitdem ist sie den Peterswäldern ein »Gehaichnis«, was so viel heißt wie: etwas ganz Besonderes. Agnes Willems hat es in ihrem Gedicht so liebevoll ausgedrückt:

»Hier findet man Ruhe, hier ist keine Hast, hier spürst du nicht des Alltags Last.

Draußen auf der Bank scheint die Sonne durchs Geäst, und Vögel feiern ein fröhliches Fest.

Der Heimweg, der fällt einem schwer, denn jedes Mal fragt man sich: Wann komm ich wieder hierher?«

Adresse Bildchenweg, 56858 Peterswald-Löffelscheid | **Anfahrt** in Kappel von der B 327 auf die B 421, nach einigen Kilometern abbiegen auf die K 51 Richtung Peterswald-Löffelscheid, parken an der Zeller Straße, ausgeschilderte Wanderung zum Bildchen | **Tipp** Der nächstgrößere Ort ist Blankenrath. Hier lohnt ein Spaziergang rund um den Blankenrather Weiher.

85 Der große Herrgott

Ein Kreuz als Brücke

Gleich unterhalb der riesigen Felsen in Rapperath stehen zwei kleine Heiligenkapellen nebeneinander unter hohen Bäumen. Man hört den kleinen Bach, die Dhron, in der Nähe rauschen, es ist ein idyllischer Platz. Auf knirschendem Kies geht es zu den Kapellen.

Die rechte beherbergt eine Pietà, dort stehen frische Blumen, und man kümmert sich um Maria und den toten Jesus, den sie auf ihrem Schoß liegen hat. Beide Figuren sind bunt bemalt, und die Wände und das Deckengewölbe sind mit Blumenornamenten ausgeschmückt. Ganz anders sieht es in der linken Kapelle aus, hier sind nur kahle Wände zu sehen. Das Gewölbe besteht aus roh gezimmerten Balken, darunter hängt ein leidender Christus am Kreuz. Das Besondere daran: Der Korpus und das Kreuz sind aus einem Stück Holz, also aus einem Baumstamm geschnitzt. Nur die Arme sind angefügt und am Querbalken des Kreuzes befestigt worden. Das Ganze wirkt überdimensioniert, aber beeindruckend. Der bleiche Körper, die rustikale Gestalt und der leidende Gesichtsausdruck ergreifen den Betrachter. Es ist ein schlichtes Gesicht, aber trotzdem ausdrucksstark.

Diese Figur gilt in der religiösen Kunst des Hunsrücks als einzigartiges Stück mittelalterlicher bäuerlicher Kunst. Ursprünglich soll das Kreuz in der katholischen Dorfkirche von Wirschweiler gehangen haben. Doch dann kam die Reformation, und Bilder, Heiligenstatuen und Kruzifixe wurden verbannt. Die reformierten Dorfbewohner schmissen den Gekreuzigten aus ihrer Kirche, hinaus auf einen Acker. Der Sage nach soll das Holzkreuz sogar als Steg über einen kleinen Bach benutzt worden sein.

Doch dann soll es der Bevölkerung sehr schlecht ergangen sein. Die Pest und eine Hungersnot wüteten im Hunsrück. Besser wurde es erst, als ein katholischer Bauer aus Rapperath sich des über dem Bach liegenden Gekreuzigten annahm: Er brachte ihn nach Rapperath und stellte ihn dort in der Kapelle auf.

Adresse 54497 Rapperath | **Anfahrt** von der B 327 in Morbach auf die K 88 in Richtung Rapperath abbiegen | **Tipp** An den Kapellen beginnt ein Kreuzweg, der bergauf zu der zehn Meter hohen Rapperather Mariensäule führt. Von dort hat man einen herrlichen Weitblick in den Hochwald.

86 Der Hunsrückdom

Wo der Hunsrück seinen Namen herhat

Im Jahr 1074 wird in einer Schenkungsurkunde von Ländereien an das Kloster Ravengiersburg zum ersten Mal der Name »Hundesrucha« erwähnt, also: »Hunsrück«.

Woher der Name kommt, ist bis heute nicht geklärt. Wenn man die Form des Hunsrücks betrachtet, ein lang gestreckter Bergrücken, der von Koblenz bis fast nach Trier führt … sieht er nicht wie ein Hunderücken aus? Möglich ist aber auch, dass die Hunnen Pate standen, denn während der Völkerwanderung sollen sie durch das Gebiet gezogen sein und ihm den Namen »Hunnenrücken« gegeben haben. Keltische Wallanlagen heißen ja heute noch »Hunnenring«. »Hund« ist allerdings auch ein altes Wort für unwirtliches, schlechtes Ackerland, so wie es der Hunsrück in früherer Zeit einmal war. Noch eine Deutung: »Hont« war eine germanische Hundertschaft, mit einem »Huno«, einem Hundertschaftsführer. »Rucha« war ihr Gerichtsbezirk.

In einer anderen Urkunde des Klosters Ravengiersburg von 1464 liest man etwas über eine »Grenzweisung des Hundgedinges des Hunsrücks«. Ein »Hundgeding« war eine Thingstätte. In dem Dokument geht es um das Gebiet zwischen Simmern, der Nunkirche, Gemünden und dem Soonwald. Und zwischen Gemünden und dem kleinen Ort Mengerschied gibt es eine Fläche, die den alten Flurnamen »Auf dem Hunsrück« trägt. Hier, so nimmt man an, liegt das Kerngebiet des Hunsrücks.

Der Dom für den Hunsrück steht in Ravengiersburg. Die beiden romanischen Türme der Kirche wurden 1106 gebaut. Unter dem mittleren Spitzbogen des Südturms ist ein seltenes, aus Sandstein gefertigtes Kreuz eingelassen. Das Besondere daran: Die Christusfigur ist bekleidet, ihre Füße sind nicht ans Kreuz genagelt, und Christus trägt eine Königskrone. Der »Hunsrückdom«, wie die Kirche mit der mächtigen Doppelturmfassade heute genannt wird, liegt von Weitem sichtbar hoch auf einem Felssockel.

Adresse Hauptstraße, 55471 Ravengiersburg | **Anfahrt** von der E 42 abbiegen Richtung Oppertshausen, auf die K 58 bis Ravengiersburg, im Ort von der K 58 links auf die Hauptstraße abbiegen | **Tipp** Zwischen der Nunkirche und dem Bismarckturm liegt das Rochusfeld. Auf dieser Wiese wachsen im Juni seltene Orchideen.

87 Der Ziehbrunnen

Einmal im Jahr kommen die Brunnengeister zurück

Das muss man sich mal vorstellen: Da schöpften die Raversbeurener Bürger Jahrhunderte aus ihrem tiefen, offenen Dorfbrunnen, tranken das wohlschmeckende Wasser und versorgten auch ihre Tiere damit. An einer langen Stange senkte man den Holzeimer hinab, schöpfte, dann füllte man das Wasser in mitgebrachte Gefäße um und trug es nach Hause. Wenn man sich über den Rand beugte und hineinsah, konnte man die Wolken am Himmel vorbeiziehen sehen, und wenn es regnete, hörte man den Aufprall der Regentropfen auf der Wasseroberfläche. Am inneren Rand des mit Bruchsteinen hoch gemauerten Brunnens wuchsen Moose und leuchtend grüne Farne. Bis eines Tages ein hoher Herr der preußischen Regierung ins Dorf kam, den Brunnen begutachtete und entdeckte, dass er nicht den Vorschriften entsprach: Man könne beim Wasserschöpfen hineinfallen. Er verfügte, dass der Brunnen eine hölzerne Haube bekam, zur Sicherheit. Die Moose und Farne bekamen kein Sonnenlicht mehr, sie starben ab, und das Wasser wurde immer schlechter. Auch die Brunnengeister, die in der Tiefe wohnten, zogen eines Nachts von dannen und begaben sich in ein anderes Land, in dem die Menschen noch nicht vor sich selbst geschützt werden mussten.

Dafür wurde der Brunnen jetzt von einem Maler entdeckt. Er kam ins Dorf, sah den alten, langsam verfallenden Brunnen und malte ihn, mit der hässlichen Brunnenmütze und dem Eimer an der langen Stange.

»Wo ist das?« Fotografen fragten nach dem Ort, und es kamen viele und fotografierten den Brunnen, der alsbald in Hunsrücker Kalendern, Heimatjahrbüchern und Kunstbänden erschien. Ein Verein namens »Mosel-Hochwald-Hunsrück« kümmerte sich um den verfallenden Brunnen, aber nur von oben, man erneuerte die Haube. Unten im Brunnen ist heute kein trinkbares Wasser mehr. Schade eigentlich, Hauptsache jedoch ist, dass die Bevölkerung geschützt ist.

Adresse Dorfstraße, 56850 Raversbeuren | **Anfahrt** die B 327 in Kappel verlassen und auf der L 193 bis Raversbeuren fahren, am Ortsrand Richtung Briedel steht der Brunnen | **Tipp** Bei einer Wanderung vom Friedhof aus zur »Maiermunder Hex« (siehe Ort 12), einer großen Felsformation, kommt man durch das stille Großbachtal.

88 Der Idarkopf

Der sanfte Riese

Egal, von wo aus man auf den Idarkopf schaut, er sieht immer aus wie ein Hügel. Ein riesiger, runder Hügel. Die schönste Jahreszeit, um auf diesen Berg zu schauen, ist das Frühjahr, wenn der Raps blüht. Wie ein Flickenteppich wechseln sich dann am Fuße des Berges grüne Wiesen mit braunen, frisch eingesäten Äckern und gelb leuchtenden Rapsfeldern ab. Ein kleines Dorf mit blau glänzenden Schieferdächern. Weiß blühende Schlehenhecken an den Feldwegen und als zusätzliche Farbtupfer braun-weiße Kühe, die noch mehr Farbe in die Hunsrücker Landschaft bringen.

Wie ein unterer Ring zieht sich dieser bäuerliche, landwirtschaftliche Bereich fast rund um den Idarkopf. Der zweite Ring besteht aus lichtem, im späten Frühling hellgrünem Buchen- und Eichenwald. Der dritte Ring, der sich bis zum Gipfel hinzieht, ist von dunkelgrüner Farbe, das sind die schnell wachsenden Fichten. Bei einer Wanderung zum Gipfel durchschreitet man diese drei Ringe, interessant und vielfältig ist das. Und vor allem ruhig. Oben auf dem 746 Meter hohen Gipfel steht ein 24 Meter hoher Aussichtsturm. Bekanntlich haben die Götter den Schweiß vor den Erfolg gestellt. Wer jetzt mehr oder weniger außer Puste oben ankommt, den erwartet eine Fernsicht, die ihresgleichen sucht. Bis hinein in den Westerwald und auf den Donnersberg in der Pfalz kann man schauen.

Von hier oben sieht man auch zwei breite Schneisen im Wald. Die beiden Skipisten werden in Zukunft wohl nur noch als Wiese genutzt werden können. Die Liftanlage wurde vom Orkan Xynthia im Februar 2010 schwer mitgenommen, und nun fehlt das Geld zu ihrer Wiederherstellung. Auch der Liftmotor hat den Geist aufgegeben. Ein Investor plante, eine 1.000 Meter lange, überdachte Skihalle auf der Abfahrtspiste zu errichten, außerdem sollte ein Feriendorf mit 450 Häusern entstehen. Da hat der BUND im Auftrag vom Idarkopf seinen Kopf geschüttelt und ganz laut Nein gesagt.

Adresse 55624 Rhaunen | Anfahrt die E 42 in Büchenbeuren verlassen und auf der L 182 nach Rhaunen fahren, von dort auf der L 162 nach Stipshausen, nach dem Ort den ersten Wanderparkplatz anfahren | Tipp Einige Kilometer weiter besteht im Ort Weiden die Möglichkeit, in einem Hotel im Heu zu übernachten (Zum Dreschplatz 4, www.ferienhof-faust.de).

89 Die Puricelli-Kapelle

In den Hunsrück eingewandert

Interessant ist, dass auf dem Hunsrück nicht nur ausgewandert, sondern auch eingewandert wurde. Grund dafür war unter anderem die Rheinböllerhütte, die schon um 1600 als Eisenhütte Erwähnung findet. Mitte des 17. Jahrhunderts war sie mit vielen anderen Unternehmen in Luxemburg und Belgien verflochten. Friedrich Wilhelm Utsch, bekannt geworden als »Jäger aus Kurpfalz«, leitete damals die Hütte, später übergab er sie seinem Schwiegersohn Carl Anton Puricelli. Damit begann ein wirtschaftlicher Aufschwung, der viele Arbeitskräfte aus dem Ausland nach Rheinböllen brachte. Der aus Luxemburg stammende Dr. Nicolaus Kirsch-Puricelli sorgte dafür, dass nicht nur viele seiner Landsleute, sondern auch Hüttenfachkräfte aus Wallonien, der Eifel und dem Siegerland in den Hunsrück einwanderten, um dort zu leben und zu arbeiten.

In der Rheinböllerhütte wurden schmiedeeiserne Rohre, Brunnen, Kochherde und Öfen hergestellt, von denen es hier eine ungewöhnlich große Modellauswahl gab. In Kriegszeiten wurden aber auch Rüstungsgüter hergestellt. Die Rheinböllerhütte ist die einzige auf dem Hunsrück, in der immer noch produziert wird, sie gehört heute zur Firma Continental und stellt Autoteile her.

Die Puricellis zeigten gleichzeitig zum wirtschaftlichen Aufschwung großes soziales Engagement, sie unterstützen die arme Bevölkerung mit zahlreichen karitativen und religiösen Stiftungen. Zwei Krankenhäuser und ein Waisenhaus wurden von ihnen gegründet. Die wohlhabende Familie errichtete auch einige Kirchen und Pfarrhäuser, und noch in den 50er Jahren eröffneten die letzten Puricellis eine Haushaltsschule.

Im Stift in Rheinböllen ist die 1891 gebaute neugotische Kapelle architektonisch interessant. Im ehemaligen Waisenhaus wird heute betreutes Wohnen für Menschen angeboten, die aufgrund einer seelischen oder körperlichen Krankheit nicht allein leben können.

Adresse Bopparderstraße 23, 55494 Rheinböllerhütte | Anfahrt von der A 61 auf die L 214 Richtung Stromberg | Tipp Die Emmerichshütte im Soonwald ist ein uriges Ausflugslokal mitten im Wald (www.waldgaststaette-emmerichshuette.de).

90 Der Königsstuhl

Harter Stein für hohe Herren

Seit 1273 kamen in Rhens am Rhein die deutschen Kurfürsten zu Verhandlungen über die Wahl eines neuen Kaisers zusammen. Der kleine Ort eignete sich gut, da alle Territorien der Kurfürsten hier zusammentrafen. Köln, Trier, Mainz und die Pfalz schickten ihre Verhandlungsführer hierhin. Eigentlich stand der Königsstuhl damals viel tiefer im Ort Rhens und war aus Holz gebaut. Aber im Lauf der Jahrhunderte wechselte er mehrmals seine Gestalt und dann auch seinen Ort.

1376 verfügte Kaiser Karl IV., dass für die Benennung der künftigen Kaiser ein »steynen gestuel« zu bauen sei. Acht Sitze waren im Innern der Holzkonstruktion vorhanden, sieben für die Kurfürsten, ein Sitz war für den Kaiser bestimmt. Über den Stühlen der Kurfürsten waren ihre Wappen angebracht und über dem Sitz des Kaisers das Reichswappen. Wenn nun ein Kaiser gestorben war, wurde ein neuer gewählt. Der Abschluss dieser Wahl fand eben hier auf dem Königsstuhl mit der Verkündigung des Namens und der Vereidigung des Kaisers statt. Das Volk und der Tross der Kurfürsten wohnten dieser Zeremonie bei. Der Stadt Rhens oblag es, den Königsstuhl zu erhalten, sie bekam dafür Sonderrechte, zum Beispiel ein Zollprivileg.

1740 zerstörten die Franzosen den Königsstuhl und verkauften die Steine an Rhenser Bürger. 1840 wurde in Koblenz ein Verein gegründet, der das Denkmal wiederaufbauen wollte. Man sammelte Geld, und der Königsstuhl wurde 1842 neu errichtet, sogar mit einer Originalsäule des alten Bauwerks. Der Grundriss richtet sich immer noch nach dem alten Holzbauwerk, heute besteht der zweistöckig angelegte Achteckbau aus schwarzen Lavaquadern, die Pfeiler und die Mittelsäule sind aus Basalt. 1929 zog der Königsstuhl um, hier an diese Stelle mit der grandiosen Aussicht. Kaiser werden hier keine mehr gekrönt, aber lange Zeit bekamen die Bürgermeister von Koblenz hier ihre Amtskette überreicht.

Adresse 56321 Rhens | **Anfahrt** in Waldesch von der B 327 auf die L 208 Richtung Rhens abbiegen, nach fünf Minuten Fahrt taucht auf der linken Seite ein Parkplatz auf | **Tipp** Das Forsthaus Remstecken im Stadtwald von Koblenz ist nicht nur ein Restaurant, es gibt auch ein Wildgehege mit Ponyreiten, und im Hofladen werden Wildspezialitäten aus heimischen Wäldern angeboten (www.forsthaus-remstecken.de).

91 Der Räzebore

Wunder gibt es immer wieder

Diese Quelle im Soonwald ist etwas Besonderes, hier geschehen Wunder. Als vor vielen hundert Jahren die Wallfahrer von Simmern zur Schwarzen Madonna nach Spabrücken pilgerten, machten sie an dieser Quelle im Soonwald eine Pause. Sie stärkten sich mit mitgebrachten Speisen und tranken das Wasser aus der Quelle.

Eine Frau, die die Wallfahrt mitmachte, um für ihr todkrankes Kind zu beten, schlief ein, und im Traum erschien ihr die Muttergottes, die ihr auftrug, ihrem Kind das Wasser zu trinken zu geben. Das Wunder geschah, das Kind wurde wieder gesund. Als Dank für die Heilung baute der Vater des Kindes eine Kapelle neben der Quelle. Die Heilkraft des Wassers sprach sich herum. Immer mehr Menschen kamen, um es mit nach Hause zu nehmen. Auf dem Rücken trug man in Weidenkörben die mit Wunderwasser gefüllten Tonkrüge. Diese Körbe wurden »Reiz« genannt, daher der Name Räzebore.

1732 wurde hier eine kleine Wallfahrtskapelle errichtet, in der man ein Gnadenbild der Muttergottes aufstellte. Neben der Kapelle entstand eine Einsiedelei, in der zwei Eremiten lebten. Durch den Bau der Kapelle an der Wunderquelle kamen immer mehr Wallfahrer zum Reizenborn, und so wurde der Bau zu klein. 1778 errichtete man eine größere Kirche auf dem Platz. 1794 kamen die Franzosen auf den Hunsrück und plünderten Kirche und Einsiedelei. Im Zuge der Säkularisation wurden beide Gebäude abgerissen.

Um an die historische Bedeutung dieses Platzes zu erinnern, gestaltete man in den Jahren 1985 und 1986 den Platz neu. Damit man bei Veranstaltungen nicht immer Bierzeltgarnituren mitbringen musste, bauten einige Riesweiler Männer aus Soonwälder Baumstämmen Bänke, die hier aufgestellt wurden. Beim Wirbelsturm Wiebke wurden rund um die Anlage zehn Hektar Wald flachgelegt. Nur das Kreuz am Räzebore blieb in dem Chaos unbeschädigt stehen. Wunder gibt es eben immer wieder.

Adresse 55499 Riesweiler | Anfahrt von der B 50 auf die L 162, nach Riesweiler fahren, im Ort der Beschilderung »Räzebore« folgen, Parkplatz nach circa einem Kilometer am Waldrand, Fußweg zur Quelle etwa 1,6 Kilometer | Tipp Eine der Hunsrücker Traumpfadwanderungen ist die zum Schanzerkopf. Hier gibt es tolle Fernblicke in alle Richtungen.

92 Die Glocken

Eine ganz besondere Speise

Eine mathematische Formel soll es sein, die den Glocken ihren Klang verleiht. Ob aus dem Kirchturm ein A, ein C oder auch ein Fis erklingt, reine Mathematik. Das hört sich sehr nüchtern und sachlich an. Doch diese tonangebende Formel ist unter Glockengießern ein Familiengeheimnis, nichts darf davon nach außen dringen.

Hier in Saarburg war es die Familie Mabilon, die 230 Jahre lang Glocken in allen Größen gegossen hat. Nicht nur kleine Glocken, sondern auch bis zu fünf Tonnen schwere Exemplare wurden hier in der Gießerei hergestellt und erklingen heute in aller Welt. Urbanus Mabilon gründete das Unternehmen 1771 unterhalb der Burg.

2002 wurde die Gießerei aus Altersgründen aufgegeben, aber der Weitsicht des letzten Glockengießermeisters, Wolfgang Hansen-Mabilon, ist es zu verdanken, dass die Stadt Saarburg ein in Europa einmaliges Museum bekommen hat. Am Eingang stehen zur Begrüßung zwei alte Glocken neben einer Kastanie, im Hof residiert eine riesige Glocke mit bestimmt zwei Metern Durchmesser, an der Fabrikwand steht schön aufgereiht eine Armee Glockenklöppel. Und drinnen in den verschiedenen Räumen stehen und liegen alle Arten von Glocken.

Die Räumlichkeiten sind so erhalten, dass beim Besucher der Eindruck entsteht: Hier wird gleich die nächste Glocke gegossen. Im Zeichenzimmer, in dem die Formel für den Ton der nächsten Glocke errechnet wurde, scheint die Zeit genauso stillzustehen wie in der alten Gießhalle, in der es scheint, als ob gleich flüssiges Metall, die Glockenspeise, durch die Schächte brodele. Man kann den Rauch und das Feuer noch riechen, was den Rundgang durch dieses Museum für alle Sinne so interessant macht.

Dass sich die Glockengießerfamilie in Saarburg niedergelassen hat, ist kein Zufall, denn hier in der Umgebung gab es gute Lehmvorkommen, und ohne Lehmform – das weiß man spätestens seit Schillers Gedicht – läuft gar nichts beim Glockenguss.

Adresse Staden 130, 54439 Saarburg | **Anfahrt** die B 327 geht ab Hermeskeil in die B 407 über nach Saarburg, dort auf der L 132 über die Brücke, dann rechts abbiegen | **Öffnungszeiten** Mo–Fr 9–17 Uhr, Sa, So, Feiertage 11–17 Uhr | **Tipp** Bei einem Rundgang durch die sehenswerte Altstadt von Saarburg findet man das »Amüseum«, unter anderem befindet sich dort im Haus eine Turbine, die seit 1935 unentwegt Strom liefert (www.saarburg.eu).

93 Der Bismarckturm

Freudenfeuer auf dem Leuchtturm des Kanzlers

Inmitten einer Baumgruppe steht der 18 Meter hohe Bismarckturm. Wuchtig, mit sehr schmalen, hohen Fensterschlitzen, wirkt er fast ein bisschen abweisend. Zu Ehren des ersten deutschen Reichskanzlers, Fürst Otto von Bismarck, wurden Ende des 19. Jahrhunderts überall in Deutschland, ja sogar in den deutschen Kolonien Denkmäler, Aussichtstürme und sogenannte Feuertürme errichtet. In Deutschland sind von 184 noch 146 solcher Türme erhalten. Diese Bauten waren sichtbarer Ausdruck der Verehrung für Bismarck, heute würde man von einem Bismarckkult sprechen. Größe und Aufwand der Denkmäler waren immer verschieden und von regionalen Gegebenheiten abhängig. Von einfachen Gedenktafeln bis hin zu großen Anlagen mit Figurengruppen reicht das Spektrum der Denkmäler.

1899, ein Jahr nach Bismarcks Tod, schrieb die deutsche Studentenschaft einen Wettbewerb aus, den der Architekt Wilhelm Kreis mit seinem Modell »Götterdämmerung« gewann. Die Form wurde durch den preisgekrönten Entwurf eindeutig charakterisiert: quadratischer Grundriss, mehrstufiger Unterbau, einfach gehaltener Sockel, die Ecken aus vier Säulen und ein kapitellartiges Gesims für die Feuerschale. »Flammen zu Ehren Bismarcks« hieß das Motto einer Aktion, die an einem bestimmten Tag alle 184 Türme in Deutschland zum Leuchten bringen sollte. Auf fast allen Türmen wurden tatsächlich Befeuerungsvorrichtungen angebracht. Da man sich aber nicht auf einen Termin einigen konnte, wurden die Feuer zu unterschiedlichen Tagen entzündet: Mal war es Bismarcks Geburtstag, mal der Todestag. Es kam aber auch vor, dass die Feuer zur Sommersonnenwende oder zum Sedanstag brannten. Die Aussicht vom Bismarckturm bei Sargenroth auf den Soonwald und die umliegende Landschaft mit ihren Dörfern wäre bei schönem Wetter bestimmt grandios. Leider sind die umstehenden Bäume etwas zu hoch geworden.

Adresse 55471 Sargenroth | Anfahrt in Simmern von der E 42 auf die L 108 Richtung Holzbach, dann auf der L 162 zur Nunkirche, direkt neben der Straße vor dem Turm ist ein Parkplatz | Tipp In Simmern hat man am Simmerbach im neu angelegten Wingertsbergpark tatsächlich einen Weinberg angelegt. Man darf gespannt sein, wie der Wein mundet.

94 Die Nunkirche

Ein Hunsrücker Wahrzeichen

Fast jeder auf dem Hunsrück kennt die Nunkirche: als Wallfahrtsort und als Kirche mit geschichtsträchtigem Hintergrund. Sie ist etwas Besonderes, sie zieht die Menschen in ihren Bann, es gibt viele Geschichten, Sagen und Berichte über sie. Viele Maler haben sie auf die Leinwand gebannt, umstanden von alten Kastanien und Linden. Was macht sie so faszinierend? Ist es ihr Name, ihr Alter, ihre Lage? Sind es ihre Fresken, ihre Glocken? Die »Hundgedinge«? Oder liegt es vielleicht daran, dass hier der älteste Jahrmarkt des Hunsrücks stattfindet? Sind es die Orchideen, die in ihrer Nähe wachsen? Warum kennt fast jeder Hunsrücker diese kleine Kirche und spricht mit liebevoller Ehrfurcht von ihr: »Ach ja, die Nunkirche …«

Die Antwort ist eine Mischung aus allem, doch der Reihe nach: »Nunkirche« bedeutet »Neue Kirche«. Tatsächlich ist sie aber eines der ältesten Gotteshäuser auf dem Hunsrück. Sie wurde um die erste Jahrtausendwende auf Geheiß des Mainzer Erzbischofs Williges errichtet. Auch ihre Lage besticht: »Die Kirche im Dorf lassen« kann man nicht, sie liegt zwischen Soonwald und Simmerbach schon von Weitem sichtbar auf einer Anhöhe. Ohne Dorf. Umgeben nur von einem Friedhof. Im Innern der Nunkirche kann man Fresken aus dem 13. und 14. Jahrhundert bewundern, es sind die ältesten, die der Hunsrück zu bieten hat. Ein Deckenfresko stellt den thronenden Christus dar, ein anderes zeigt die Verdammten und Seligen des Jüngsten Gerichts.

Die »Hundgedinge« waren Gerichtsverhandlungen, die auf dem Platz neben der Kirche abgehalten wurden, es war Rechtsprechung unter freiem Himmel. Kommt man in den ersten Maiwochen an der Nunkirche vorbei, kann man etwas ganz Besonderes sehen: Die Wiese neben der Kirche ist um diese Zeit über und über mit Blumen bedeckt, mit dem seltenen dunkelroten bis violetten Manns-Knabenkraut. Ein im Hunsrück einzigartiges Bild.

Adresse 55471 Sargenroth | Anfahrt in Simmern von der E 42 auf die L 108 Richtung Holzbach, dann auf der L 162 zur Nunkirche direkt neben der Straße | Tipp 1928 war es das größte Freibad Westdeutschlands, heute lädt das Waldschwimmbad Simmern, umstanden von Fichten und Laubbäumen, zu einem erfrischenden Bad ein (www.naturfreibad-simmern.de).

95 Der lange Heinrich

Das passiert, wenn der Teufel auf seine Oma hört

Der Teufelsfels ist eine der interessantesten Felsformationen im Hunsrück. Im Lützelsoon, dem kleinen Bruder vom Soonwald, steht der Riesenstein. Aus den Ritzen wachsen Gräser, Ginster und andere Büsche, sogar eine kleine Birke hat Fuß gefasst.

Der Sage nach ist er so entstanden: Dem Teufel fiel auf, dass keine Menschen mehr aus Bundenbach in die Hölle kamen, seit sie sich eine Kirche gebaut hatten. Des Teufels Großmutter wusste Rat: »Such dir einen Stein, geh nach Bundenbach und wirf ihn auf die Kirche!« Das ließ sich der Teufel nicht zweimal sagen, er suchte sich einen großen Stein und marschierte Richtung Bundenbach. Da es an jenem Tag sehr heiß war, war er, als er den Bergrücken des Lützelsoons erstiegen hatte, so erschöpft, dass er sich ausruhen musste. Außerdem hatte er sich verlaufen, so ein Mist! Da kam eine Frau durch den Wald. Er sprach sie freundlich an: »Gute Frau, wisst Ihr den Weg nach Bundenbach? Ist es noch weit?« Die Frau ahnte, wer ihr Gegenüber war, und antwortete: »Ich komme gerade daher, es ist noch sehr, sehr weit bis Bundenbach!« Sie öffnete ihre Tasche: »Seht her, das sind alles Schuhe, die ich schon durchgelaufen habe.« Enttäuscht ließ der Teufel den Felsen an Ort und Stelle liegen und fuhr zur Hölle. Die Frau war die Gattin des Bundenbacher Schusters, die in der Umgebung bei der Kundschaft gewesen war, um reparaturbedürftige Schuhe für ihren Mann einzusammeln.

Vor gar nicht langer Zeit konnte der Fels noch mit einer im Fels verankerten Leiter bestiegen werden, doch durch die anhaltende Verwitterung wurde er für die Besucher zur Gefahr. Da kam der damalige Bürgermeister Schneppenbachs, Heinrich Heimfahrt, auf die Idee, einen Aussichtsturm zu bauen. Der Turm wird »Der lange Heinrich« genannt. Und damit man ihn auch findet und sich nicht wie der Teufel verläuft, zeigen Steinmännchen den Weg. An einer Stelle auf einer Waldlichtung stehen Hunderte dieser steinernen Wegweiser.

Adresse 55608 Schneppenbach | Anfahrt von Kirchberg aus auf der B 421 nach Dickenschied, dort nach Schneppenbach auf der L 184, Wanderparkplatz im Ort | Tipp Ein Besuch in der Imkerei Lindenschied mit Bienenlehrpfad ist interessant und schmackhaft. Nicht nur Honig, sondern auch Produkte wie Met und Wachsfiguren verkauft der Imker im Laden (Im Steinborn 4, www.hunsruecker-bienenkorb.de).

96 Das Chapitol

Der Wandelsaal

Um 1900 wurde es als ganz normales Hunsrücker Fachwerkhaus gebaut, und es beherbergte eines der ersten Kolonialwarengeschäfte in der Region. Wer hatte im Hunsrück denn vorher schon mal eine Orange oder Melone gegessen? Man aß eher Äpfel und Zwetschgen. Auch aus der Umgebung kamen die Menschen, um bei Johannes Kirst zu kaufen. Dann brannte das Gebäude plötzlich ab, und die Sevenicher mussten wieder Äpfel und Zwetschgen essen. Nach vielen Jahren als Brandruine sollte 1939 aus dem Laden ein Getreidespeicher werden. Doch dann brach der Krieg aus, und aus dem Plan wurde nichts. Nach dem Krieg kam mit dem Wirtschaftswunder auch die Lebensfreude zurück. Man baute aus den Trümmern einen Tanzsaal, und das Gebäude war nun oft mit ausgelassener Stimmung gefüllt, viele Dorffeste und Hochzeiten wurden hier gefeiert. Nachdem man den Saal jahrelang ausgiebig zu Festivitäten genutzt hatte, wurde es irgendwann stiller. Wieder ruhten die Aktivitäten. Eine neue Verwendungsmöglichkeit fand der Saal schließlich, als ein fahrendes Theater hier die Winterpause verbrachte. Es wurden Zirkus- und Theaterstücke geprobt, Tanzeinlagen ebenso, nun war wieder Leben in der Bude. Wenigstens für ein paar Jahre, dann löste sich die Theatertruppe auf, und wieder wurde es für einige Jahre still im Saal.

Bis dann im Jahr 2000 eine erneute Wiederbelebung stattfand: Ein Kulturverein wurde gegründet, der Saal von Grund auf renoviert, neue Stromleitungen, eine neue Beleuchtung und Bestuhlung wurden eingebaut. Seitdem finden viele Kleinkunst-Events und Kulturveranstaltungen statt. Seit 2019 gibt es den Chapi-Talk, dort werden interessante Themen behandelt. Vorträge, Diskussionsrunden und Filmvorführungen gehören auch zum Programm vom Chapitol. Etwas ganz Besonderes ist die Loge, zwei erhöhte Sitzplätze auf einem knallroten Sofa. Diese Plätze werden nach der Vorstellung für das nächste Event verlost.

Adresse Zum Baybachtal 1, 56290 Sevenich | Anfahrt von der B 327 in Gödenroth auf die K 34 Richtung Beltheim, dort auf die L 215, hinter Frankweiler auf die K 34 | Öffnungszeiten Infos zu Veranstaltungen unter www.chapitol.de | Tipp Gute Unterhaltung ist auf der Ehrenburg bei Brodenbach garantiert: Ritterspiele, Krimidinner, Bogenschießen und vieles mehr (www.ehrenburg.de).

97 Der Gerberschuppen

Heute stinken hier keine Häute mehr

Der Simmerbach fließt beschaulich mitten durch die Stadt, entlang des Bachs standen um 1900 mehrere Gerbereien. Für die umliegenden Gemeinden, die viel Wald und somit viel Eichenlohe hatten, bedeutete der Verkauf der von den Gerbereien benötigten Lohe eine zusätzliche Einnahmequelle. Im Zuge der Industrialisierung verschwand der Beruf des Gerbers nach und nach. Jetzt steht nur noch ein Schuppen am Bach, in dem damals die Häute getrocknet wurden, er erinnert an die Blütezeit des Gerberhandwerks in der Stadt.

Eigentlich ist der Schuppen unscheinbar – wenn die vielen hölzernen Klappen nicht wären. Der Sockel ist mit Ziegelsteinen aufgemauert, danach kommen quer liegende Holzklappen mit Scharnieren. Dann sieht man Holztüren und darüber Holzbretter, die wie schräg stehende Dominosteine übereinander angeordnet sind und – wie eine Jalousie – mal mehr, mal weniger geöffnet werden konnten. Das muss Durchzug pur gewesen sein. Den brauchte man auch, um die gegerbten, gewässerten Häute zu trocknen. Es muss furchtbar gestunken haben damals, Fleisch- und Haarreste hafteten an den Tierhäuten. Der Gestank war so schlimm, dass die Gerber ihren Beruf oft nur vor den Toren einer Stadt oder einer Siedlung ausüben durften. Regelrecht verbannt waren sie, an den Unterlauf der Flüsse und Bäche, auch weil bei der Spülung der Häute Arsen, Kalk, Alaun und Salz ausgewaschen wurden. Diese Stoffe verunreinigten das Wasser und schadeten der Tier- und Pflanzenwelt. Aber auch die Gerber selbst waren hohen gesundheitlichen Gefahren ausgesetzt. Durch den dauernden Umgang mit kaltem Wasser waren rheumatische Krankheiten keine Seltenheit. Der bei der Arbeit eingesetzte Kalk verätzte die Hände, und die häufig auftretenden Milzbrandinfektionen kamen von den rohen Häuten. Alles in allem kein Beruf, mit dem man alt werden konnte, aber es ist ein alter Beruf. Das Gerben von Fellen ist eine der ältesten kulturellen Errungenschaften der Menschheit.

Adresse Gerbereistraße am Simmerbach, 55469 Simmern | ÖPNV RHB Linie 632, Haltestelle Bahnhof | Anfahrt Abfahrt von der E 42 auf die Holzbacher Straße, im Kreisel auf die Kirchberger Straße, an der 1. Ampel links in die Gerbereistraße abbiegen | Tipp Das Pro-Winzkino in der Fußgängerzone wurde vom Beauftragten der Bundesregierung für Kultur und Medien mehrfach ausgezeichnet und erhält vom Land Rheinland-Pfalz seit vielen Jahren den Filmprogrammpreis (Marktstraße 39, www.pro-winzkino.de).

98 Die Parkpyramide

Jetzt gibts was auf die Ohren

In einem Park auf einem Hügel über der Stadt Simmern steht eine große Steinpyramide mit einer schlichten Gedenktafel: »Dem Dichter Rottmann«. Wer? Peter Joseph Rottmann wurde 1799 in Simmern als Sohn eines Buchbinders geboren. Er war ein beliebter Lokalpolitiker und Dichter, der die meisten seiner Werke in Hunsrücker Mundart verfasste, aber seine Gedichte nur im Bekanntenkreis weitergab. Das Hunsrückische oder Hunsrücker Platt ist ein Dialekt, der im Hunsrück und im Gebiet von Rio Grande do Sul in Brasilien gesprochen wird. Der Hunsrück hat klare geografische Grenzen, die Mundart jedoch greift vom Hunsrück aus auf angrenzende Regionen über, sie macht keinen Halt vor der Geografie. Es gibt kein einheitliches Platt im Hunsrück, der Dialekt variiert von Dorf zu Dorf. Ein geübter Mundartsprecher mit guten Ohren kann hören, aus welchem Teil des Hunsrücks, vielleicht sogar aus welchem Dorf sein Gegenüber kommt. Ist der jetzt vom Vorderhunsrück oder aus dem Hochwaldgebiet? Doch vor allem die jungen Leute sprechen nicht mehr Dialekt, zum Teil verstehen sie ihn gar nicht mehr. Als eine große Auswanderungswelle um 1850 den Hunsrück erfasste, nahmen die Menschen ihren Dialekt in die neue Heimat Brasilien mit. Im südlichen Teil des Landes, im Bundesstaat Rio Grande do Sul, gibt es Gemeinden, in denen das Hunsrücker Platt heute noch gesprochen wird, es wird Riograndenser Hunsrückisch genannt.

Josef Rottmann hat mit dem Gedicht »Abschied«, das von den Auswanderern handelt, sein erstes Mundartgedicht geschrieben. Es folgten noch sehr viele. Immer wieder griff er das Alltagsleben der Hunsrücker auch in humoristischer Weise auf. Seine Werke stehen heute noch in Bibliotheken und heimischen Bücherregalen, und auf Veranstaltungen wie Hochzeiten und Geburtstagen werden seine Gedichte noch immer gern vorgetragen und gehört.

In Simmern wurden eine Schule und eine Straße nach ihm benannt.

Adresse 55469 Simmern | Anfahrt von der B 50 nach Simmern abbiegen, im Ort die Rottmannstraße bis zum Park »Eichanlagen« fahren | Tipp In der Audiothek im Hunsrückmuseum kann man die Hunsrücker Mundart in vielen Facetten hören (Di–Fr 10–13 und 14–17 Uhr, Sa, So 14–17 Uhr).

99 Der Schinderhannesturm

Ausbruchssicher, der Räuber schafft den Ausbruch sicher

Zum ersten Mal in Kirn an der Nahe, dann in Muhl und Saarbrücken: Der Schinderhannes, Deutschlands berühmtester Räuberhauptmann, entkam aus Gefängnissen und Arrestzellen. Hier in Simmern türmte er aus dem bis dahin als ausbruchssicher geltenden Gefängnisturm.

Dieser war der östliche Eckturm der Stadtmauer und wurde zwischen 1320 und 1330 erbaut. Jahrhundertelang diente er als Lagerstätte für Pulver, Waffen und anderes Kriegsgerät. Die mächtigen Mauern des Turmes veranlassten die Stadtväter um 1680, einen Umbau vorzunehmen und ein schönes, sicheres Gefängnis einzurichten. Fenster und Türen im unteren Bereich wurden zugemauert und bildeten nun ein Turmverlies. Durch eine Klappe wurden die Verbrecher sechs Meter in die Tiefe gelassen. Kriege und sogar den großen Stadtbrand von 1689 überstand der Turm fast unbeschädigt. 1750 setzte man ihm das barocke Kegeldach auf den Kopf, das er heute noch aufhat. Im Februar 1799 hatte man Johannes Bückler, wie der Schinderhannes mit bürgerlichem Namen hieß, wieder einmal gefangen. Man wusste aber, dass er aus seinen bisherigen Gefängnissen immer hatte fliehen können. Da fiel der Obrigkeit der dicke, ausbruchssichere Turm in Simmern ein, und so türmte man ihn hier ein. Er blieb sehr lange, bis in den August hinein, in Gefangenschaft, über die er selbst schrieb: »Ich schaudere noch diesen Augenblick, wann ich mich der Härte der Gefangenschaft, welche ich da empfunden habe, erinnere. Die Nacht hindurch war ich mit Ketten beladen, und in einem finsteren, feuchten, unterirdischen Gewölb gefangen gehalten.«

Und aus diesem muss er dann, wie auch immer, in einer Sommernacht entkommen sein. Er sei, wie er selbst sagte, mit einem kühnen Sprung aus dem Küchenfenster seines Gefängnisses gänzlich befreit gewesen. Mit seiner Flucht hat Schinderhannes den Turm zum Wahrzeichen Simmerns gemacht.

Adresse Turmgasse, 55469 Simmern | **ÖPNV** RHB Linie 632, Haltestelle Bahnhof | **Anfahrt** Abfahrt von der E 42 bis zur Turmgasse | **Öffnungszeiten** Di–Fr 10–13 und 14–17 Uhr, Sa, So 14–17 Uhr | **Tipp** Jeden Donnerstag und Samstag findet auf dem Schlossplatz der Wochenmarkt mit Spezialitäten und regionalen Produkten wie Gemüse und Backwaren statt.

100 Das Zementgretchen

Ein Simmerner Original

Zementgretchen ist nicht aus Zement oder Beton, nein, Gretchen ist aus Bronze, und sie steht in der Fußgängerzone von Simmern. Gretchen trägt ein einfaches Kleid, sie hat eine riesige Handtasche am linken Arm, und mit der rechten Hand stützt sie sich auf einen Schirm. Über ihren klobigen Schuhen trägt sie Gamaschen. Gretchen schaut verschmitzt in die Fußgängerzone, ein bronzenes Lächeln im faltigen Gesicht. Aber warum steht Gretchen hier? Und wer war Gretchen? Herr Theiß kennt die Stadtgeschichte. Margarete Scherschlicht wurde 1906 geboren und war Hausangestellte bei einem Fabrikanten. Aber warum stellt man einer Hausangestellten ein bronzenes Denkmal in die Stadt?

Ein Lastwagen kam am 7. Oktober 1951 gegen 18 Uhr die abschüssige Bingener Straße hinabgefahren und wurde immer schneller, denn seine Bremsen versagten. Zwei junge Pfadfinder, die als Anhalter im Lastwagen mitfuhren, konnten sich gerade noch durch einen Sprung aus dem Wagen in Sicherheit bringen. Die zwei Fahrradfahrer aus Koblenz, die just vor dem Hotel »Hirsch« vorbeifuhren, waren auf der Stelle tot. Der mit Zement beladene Lastwagen raste nämlich ungebremst in das Hotel und verlor bei dem Crash seine Ladung. Gretchen, die in der Nähe stand, wurde vom Zement verschüttet, aber nur leicht verletzt.

Nach dem Unfall wurde Margarete Scherschlicht immer sonderlicher. Oft sah man sie schrill angezogen durch die Innenstadt flanieren. Ihr Begleiter war immer ein roter Schirm, mit dem sie den Kindern und Jugendlichen, die sie verspotteten und ob ihrer »Größe« hänselten, hinterherdrohte. Grob konnte die kleine, hutzelige Frau dann werden, sie schimpfte, was das Zeug hielt, und sparte nicht mit Ausdrücken. So war sie noch über Jahrzehnte im Stadtbild von Simmern unterwegs. Mit 87 Jahren starb sie. Da steht sie nun und hält Ausschau. Ob wohl irgendwelche ungezogenen Kinder und Jugendlichen unterwegs sind?

Adresse Marktstraße, 55469 Simmern | ÖPNV RHB Linie 632, Haltestelle Bahnhof | Anfahrt Abfahrt von der E 42 bis auf die Marktstraße | Tipp Das Hunsrück-Museum im Schloss mit einer Bilderausstellung des Hunsrücker Malers Friedrich Karl Ströher und mit vielen anderen lokalen Themenbereichen ist sehenswert (Schlossstraße 4, www.hunsrueck-museum.de).

101 Das Antiquariat

Ein Schild und seine Geschichte

»Sonnschied 2 km« steht auf dem gelben Straßenschild, das an der K28 auf einer Wiese steht. Unter dem gelben Schild ist ein braunes Schild mit weißer Schrift angebracht, wie es für Sehenswürdigkeiten üblich ist: »Antiquariat«. Mitten im Ort Sonnschied an einem Wanderschilderwald als Letztes ganz unten diesmal ein hölzernes Schild: »Antiquariat«. Dann taucht ein großes Hunsrücker Bauernhaus mit einem kleinen roten Anbau auf, aus dem ein dicker, alter Kirschbaum wächst. Am Anbau steht: »Antiquariat«.

Seit 1980 gibt es das schon, und Herr Gerlach ist der stolze Besitzer von vielen tausend Büchern in seinem Antiquariat. Noch mehr private Bücher sind über mehrere Stockwerke im ganzen Haus verteilt. Gern führt er die Kunden, die er lieber als Gäste sieht, durch sein bücherreiches Haus, erzählt hier eine passende Geschichte und da eine Anekdote, wie er zu den Büchern gekommen ist.

Angefangen hat alles in Kirn. Der gelernte Friseur mit Haarstudio in der Stadt betrieb da schon ein kleines Geschäft mit alten Büchern. Sie haben ihn immer schon fasziniert, so kam 1980 die Idee zu einem eigenen Antiquariat. Aus persönlichen Gründen zog es ihn und seine Frau nach Sonnschied, wo sie 1980 das große Haus erstanden.

Hier machte Gerlach sein Hobby zum Beruf und sammelte leidenschaftlich alle Arten von Büchern. Schon die Geschichte des braunen Hinweisschildes auf das Haus der Gerlachs ist bemerkenswert. Sein erstes, selbst gemaltes Schild stellte Gerlach an der Brücke am Hahnenbach auf, kurze Zeit später brachten es zwei Straßenarbeiter zurück und meinten: »Wenn das jeder so machen würde.« Also stellte Gerlach bei der Straßenbaubehörde einen Antrag, und nach langem bürokratischen Hin und Her und mit Hilfe des Sonnschieder Bürgermeisters klappte es dann doch mit dem braunen Hinweisschild. Öffnungszeiten gibt es übrigens keine, wenn Gerlachs zu Hause sind, ist die interessante Bücherwelt von Sonnschied geöffnet.

Adresse Hauptstraße 12, 55785 Sonnschied | Anfahrt von der E 42 auf die L 182 abbiegen, über Rhaunen, Bundenbach bis ins Hahnenbachtal, vor dem Ort Hahnenbach auf die K 28 nach Sonnschied | Öffnungszeiten einfach klingeln | Tipp Im Hahnenbachtal befindet sich die Reinhardtsmühle mit ihren großen Forellenteichen. Das Restaurant ist als eines der besten Fischrestaurants Deutschlands ausgezeichnet (www.hotel-forellenhof.de).

102 Die Highlander

Kariert, wohin man blickt

Hohe Berge, schroffe Felsen, geschichtsträchtige Ruinen, unberührte Natur, mystische Einsamkeit und im scharfen Wind grasende Schafe an kahlen Hügeln, vor denen ein Dudelsackspieler seine näselnden Töne über neblige Moore ins enge schottische Tal bläst. Das alles gibt es nicht in Spall, einem kleinen Hunsrückdorf im südlichen Soonwald. Aber es gibt hier eine schottische Enklave mit all dem, was man mit Schottland in Verbindung bringt. Zwei Dorfbewohner, die Künstler Basil Wolfrhine und Hans Maria Mole, haben sich in einem ehemaligen Bauernhaus »a piece of Scotland in Germany« erschaffen.

Dazu gehört ein Museum, in dem typisch schottische Dinge ausgestellt und erklärt werden. In Schaukästen liegen historische Unikate wie Breitschwerter und Clanwappen, es gibt Informationen über das legendäre Monster »Nessie« im Loch Ness und über die Entstehung der Tartans, der beliebten Schottenkaros, die zu Tausenden im Museum zu sehen sind. An diesem Ort für schottische Tradition erfährt man Wissenswertes über schottische Helden und bekannte Persönlichkeiten und Interessantes über die Geschichte der Clans und der Highlander. Im angegliederten Pub wird nicht mit schottischer Musik gegeizt, und man bekommt eine Vielzahl von schottischen Spezialitäten serviert. Einige Whiskys werden tatsächlich noch aus Holzfässern gezapft.Wenn das Hunsrücker Wetter rau und unwirtlich ist, eben typisch schottisch, bleibt man gern auch mal länger bei einem wärmenden Lebenswasser. Dann gibts noch das Schottenradio. Seit 2008 schickt es nonstop einen Celtic Music Mix aus Schottland, Irland und Wales nicht nur in den Hunsrücker Äther. Musikgruppen aus aller Welt, die handgemachte keltische Musik spielen, sind die Stars des Radiosenders, der einzigartig in Deutschland ist. Seit vielen Jahren sorgen die beiden Künstler mit ihrem künstlerischen Engagement immer wieder für Aufsehen.

Adresse Soonwaldstraße 2a, 55595 Spall | Anfahrt von der B 50 auf die L 239 abbiegen, dann auf die K 26 | Öffnungszeiten Infos unter unter www.wolfrhine.de | Tipp Von der Schwarzen Madonna in der Wallfahrtskirche Spabrücken erhoffen sich viele Gläubige Trost und Hilfe.

103 Die starke Frau

Loretta hatte ihre eigenen Methoden

Man steigt ein paar Schiefertreppen hoch und geht durch ein steinernes Eingangstor. Das ist fast alles, was noch an die Starkenburg erinnert.

Hier oben hat bestimmt auch Gräfin Loretta von Sponheim gestanden, als ihre Helfer unten auf dem Fluss den Erzbischof und Kurfürsten Balduin von Trier gefangen nahmen. Oder war sie im Juni 1328 selbst dabei und hat mitgeholfen, den Kurfürsten, der immer wieder durch seine Machtbesessenheit auf sich aufmerksam machte, außer Gefecht zu setzen?

Loretta von Sponheim war eine bedeutende Frau ihrer Zeit, sie war alleinstehend, Witwe und Mutter eines noch unmündigen Sohnes. Also musste sie sich mit unkonventionellen, überraschenden Methoden zur Wehr setzen.

Der Streit entzündete sich an den Birkenfelder Besitztümern, auf die der Kurfürst von Trier Ansprüche erhob. Als Loretta stur blieb und ihren eigenen Anspruch kundtat, ließ Balduin in Birkenfeld eine Burg bauen, um Krieg gegen die Gräfin zu führen. Da sie nicht auf einen Krieg vorbereitet war, bediente sie sich einer List. Es heißt, sie habe in der Mosel eine Kette unter Wasser von Ufer zu Ufer spannen lassen, um nicht nur das Schiff des Kurfürsten an der Weiterfahrt zu hindern, sondern ihn auch gefangen zu nehmen. Die Helfer enterten das kurfürstliche Schiff, und Balduin wurde mehrere Wochen auf der uneinnehmbaren Starkenburg gefangen gehalten. Nach zähen Verhandlungen war er schließlich bereit, durch einen Sühnevertrag alle Ansprüche auf die neu erbaute Burg Birkenfeld aufzugeben und ein Lösegeld für sich selbst zu bezahlen. 15.000 Pfund Heller sollen es gewesen sein, das war so viel Geld, dass die streitbare Gräfin Loretta sich an der Nahe die Frauenburg als Witwensitz erbauen ließ. Ob sie ganz einfach auf stur geschaltet hat oder ob sie mit den Waffen einer Frau den Kurfürsten umstimmen konnte, ist allerdings nicht überliefert.

Adresse Schlossstraße, 56843 Starkenburg | **Anfahrt** die B 327 bei Hirschfeld verlassen, auf der L 190 weiter, die L 193 bei Abzweig Starkenburg bis Schlossstraße nehmen, kleine Parkbucht vor der Ruine | **Tipp** In der kleinen Starkenburger Kirche in der Schlossstraße geht es recht farbenprächtig zu, auf der Vorderseite der Empore sind die zwölf Apostel in leuchtenden Farben abgebildet, und die wertvolle Stumm-Orgel ist für Augen und Ohren eine Freude.

104 Der Skulpturenweg

Hier gibt es nichts zu meckern

Wo das Dorf endet und der Wald beginnt, entsteht nach und nach auf einer Wildwiese ein Schmuckstück, ein kulturelles Aushängeschild des kleinen Hunsrückdorfes. Federführend bei diesem Skulpturenpark ist der »Geißenverein«, als kulturellen Beitrag zur Dorfentwicklung will er den Park verstanden wissen. Zu besichtigen sind Kunstwerke aus Stein, Holz und Metall.

Renommierte Künstler wie Michael Good aus Amerika stellen hier aus: »Er und Sie«, »Eiserne Kreatur«, »After Hiroshige« sind die Namen einiger Kunstwerke, die rechts und links des Pfades stehen. Die Nachbarschaft zum alten jüdischen Friedhof ist eher Zufall, aber das inspirierte zum Beispiel den amerikanischen Künstler Michael Good, ein Kunstwerk zu schaffen, dem er den Namen »Flame of Hope« gab. Marmorskulpturen stehen neben Holz- und Tonarbeiten in diesem interessanten Skulpturenpark, der immer mehr erweitert wird.

Hier kann jeder Künstler, egal, welcher Nationalität, seine Arbeiten präsentieren. Das diene der Völkerverständigung, betont der »Geißenverein«, der sogar in seiner Satzung Fremdenfeindlichkeit und Ausländerhass ausdrücklich ausschließt. Das ist auch gut so, denn einige Mitglieder sind Schweizer aus dem Saanetal.

Es sind die Ziegen, nach denen der Verein seinen Namen hat.

»Wohl dem, der eine Geiß hat«, hieß es früher im Hunsrück. Sie galt als die »Kuh der kleinen Leute«. Man ließ sie deshalb auch nicht gern aus den Augen, denn eine gestohlene Geiß war für immer weg. Doch wo war die Geiß am besten aufgehoben, wenn es etwas zum Feiern gab? Genau! Man nahm sie einfach mit, zum Beispiel auf die Kirmes, und daraus hat sich in Stipshausen eine Tradition entwickelt, die dem Verein den außergewöhnlichen Namen »Geißenverein« gab. Die Stipshausener Geißen sind bei jedem Kirmesumzug dabei, und ganz wichtig: Ohne sie wird kein neues Kunstwerk im Skulpturenpark eingeweiht.

Adresse Schulstraße, 55758 Stipshausen | Anfahrt bei Hochscheid von der B 327 auf die K 126 abbiegen, auf der K 24 geht es weiter bis zum Ortseingang, dort rechts in die Schulstraße einbiegen | Tipp Im »Sironatempel« im Idarwald ist eine Statue der Sirona zu sehen. Die keltische Gottheit galt als Heilgöttin und Beschirmerin von Bächen und Flüssen. Nach ihr ist der Sirona-Wanderweg benannt, der weit über den Hunsrück führt (www.sironaweg.de).

105 Die Orgelbauer

Stumm waren sie nicht

In Sulzbach hat alles angefangen, hier war die erste Werkstatt der Orgelbauer. 1722 wurde das erste Instrument gebaut, und in den darauffolgenden 200 Jahren haben die Stumms 370 Orgeln gebaut, von denen heute noch 140 erhalten sind.

Der Hunsrück, die Mosel und das Mittelrheingebiet waren Schwerpunkte ihres Wirkens, aber auch in Saarbrücken, Luxemburg und in Amorbach im Odenwald stehen Stumm-Orgeln. Die älteste noch erhaltene und funktionierende Orgel ist im Nachbarort von Sulzbach, in Rhaunen, zu sehen und zu hören. Sie wurde 1723 von Johann Michael Stumm gebaut, dem Stammvater der Orgelbaufamilie. Einer der Orgelbauer schenkte seiner Heimatgemeinde Sulzbach eine Orgel. Nicht ohne Hintergedanken, denn so konnte er seinen Kunden an Ort und Stelle demonstrieren, wie seine Orgeln klangen. Sie wurde mit vergoldeten Holzschnitzereien verziert und erklingt heute noch in der Sulzbacher Kirche zum Lob Gottes. Nicht nur zur Liedbegleitung in den Gottesdiensten werden diese Orgeln eingesetzt, es wird auch gern konzertiert auf der »Königin der Instrumente«.

Die vielfältige Instrumentierung durch die verschiedenen, typisch »Stumm'schen« Register reizt die Organisten immer wieder zu neuen Klangvariationen. Es gibt das Angebot des Orgelvereins Sulzbach, eine sogenannte »Orgelwanderung« mitzumachen. Man wandert von einer Orgel zur nächsten, ein Organist spielt dann auf der jeweils erwanderten Orgel, und so kann man sich einen interessanten Einblick in die Landschaft des Hunsrücks und die Orgeln der Stumms verschaffen.

Neben der Sulzbacher Kirche ist die »Stumm-Stube« untergebracht. In diesem Haus wird den Besuchern die Geschichte der Orgelbaufamilie nähergebracht. Außerdem sind Werkzeuge zu sehen, die man für den Bau einer Orgel benötigt. Ein Stammbaum hängt im Flur, und draußen neben dem Haus ist der Grabstein des letzten Orgelbauers aufgestellt.

Adresse Kirchstraße 3, 55758 Sulzbach | **Anfahrt** von der E 42 in Büchenbeuren ab auf die L 190, in Rhaunen rechts abbiegen auf die L 180 nach Sulzbach, dort in die Kirchstraße | **Öffnungszeiten** Besichtigung von Kirche und Stumm-Stube nach Vereinbarung, Telefonnummer im Kasten vor der Kirche | **Tipp** Das beheizte Waldfreibad Rhaunen ist umgeben von Hoch- und Mischwäldern, sehr ruhig am Rhaunelbach gelegen. Im 24 Grad warmen Schwimmbad ist alles da, was Wasserratten sich wünschen: Sprungbecken, Sprungbrett, Planschbecken und eine Rutschbahn (www.vg-rhaunen.de/Tourismus-Freizeit/Freibad).

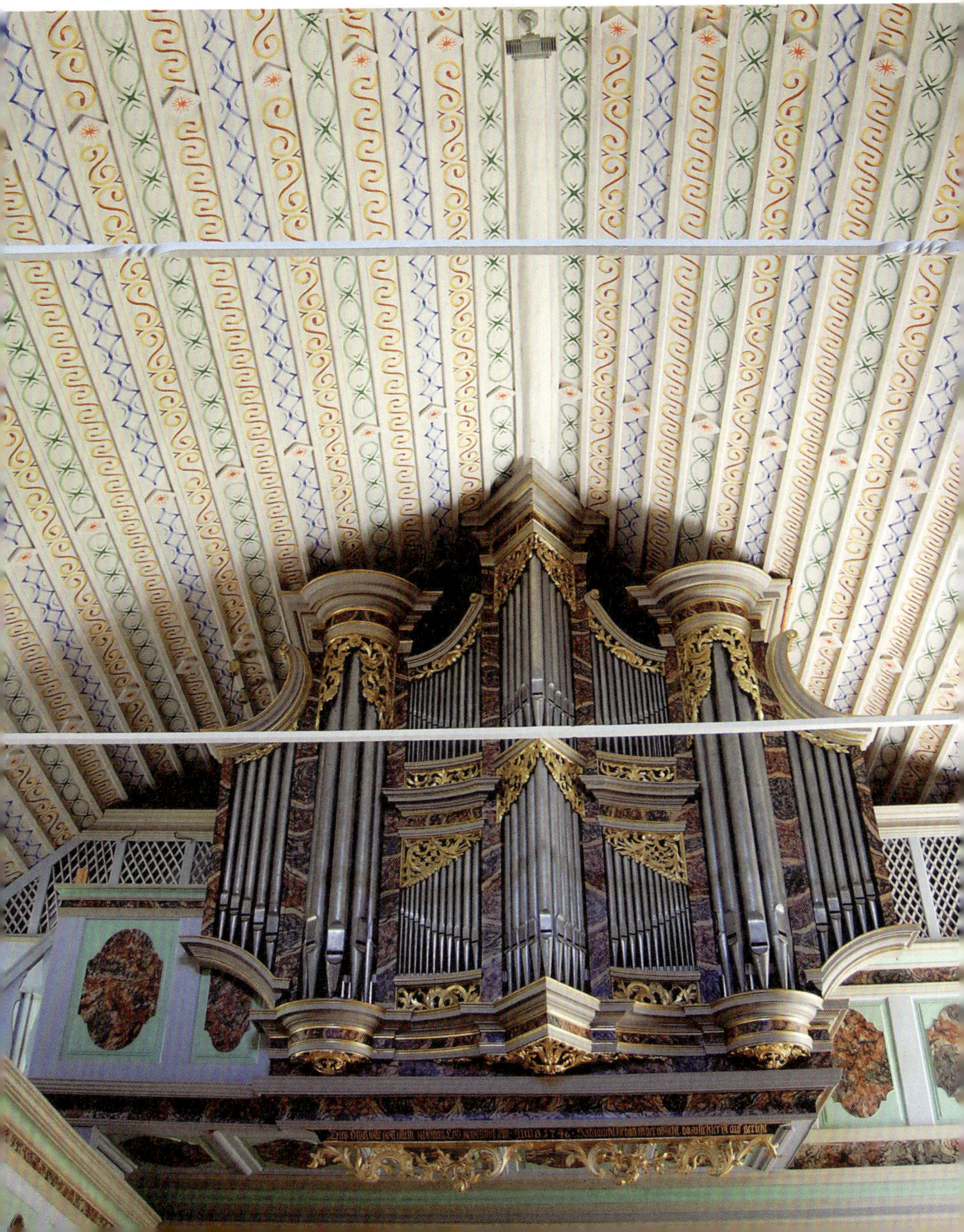

106 Der Wasserweg

Wasser statt Kartoffeln

Eigentlich wollte Bauer Schupp auf seinem neu angelegten Acker Kartoffeln pflanzen, doch das Stück Land wurde rätselhafterweise, ohne dass es geregnet hätte, immer wieder von Wasser überflutet. Schließlich entdeckte er, dass das aus dem Boden quellende Wasser bestes natürliches Mineralwasser aus einer unterirdischen Quelle war. »Da könnte man was draus machen«, sagte er sich und gründete 1953 zusammen mit seinem Sohn das Unternehmen »Hochwaldsprudel«. Er begann, das gute Hunsrücker Wasser aktiv zu vermarkten. Zuerst wurde es noch von Hand abgefüllt und mit Pferdefuhrwerken zu den Abnehmern gebracht. Die Nachfrage war jedoch so groß, dass bald neue Quellen in eine Tiefe von bis zu 250 Metern gebohrt wurden.

Der Hochwaldsprudel ist nur eine von vielen Mineralquellen im regenreichen Hunsrück. Jedes Wasser schmeckt hier anders und hat je nach Region und Boden eine individuelle Zusammensetzung. Im Ort Schwall schmeckt das Wasser nach Eisen, in Sauerbrunnen salzig. Ganz edel schmeckt das Wasser aus der Nikolausquelle in Malborn, es wird bei Vollmond über Edelsteinen abgefüllt.

Um diese Vielfalt anschaulich zu machen, gibt es den Wasser- und Erlebnispfad »Dem Wasser auf der Spur«. Auf der Wanderung kommt man an vielen informativen und interaktiven Schautafeln vorbei. Sie sind zwar schon etwas in die Jahre gekommen, dennoch wird hier dem Wanderer alles Wissenswerte übers Wasser auf höchst interessante Weise nähergebracht. Wie viele Liter Regen fallen im Lauf eines Jahres auf der Zugspitze, und wie viele sind es in der Wüste Gobi? Wie verregnet ist eigentlich der Hardtwald, in dem man sich gerade befindet?

In der Mitte des Rundwanderweges stößt man auf die Hardtwaldquelle. Erschlossen wurde sie erst 1964, aber ihre gesundheitsfördernde Wirkung wurde schon im 18. Jahrhundert festgestellt. Ein Schluck aus der Quelle: wohlschmeckend und erfrischend!

Adresse 54424 Thalfang | **Anfahrt** von der B 327 in Thalfang zur Ortsmitte, dort auf die L 154, Wanderparkplatz und Start des Weges an der Kreuzung mit der L 150 | **Tipp** Die Sommerrodelbahn am Erbeskopf ist ein rasantes Vergnügen (Ostern–Nov. täglich 13–18 Uhr, an Feiertagen täglich 11–18 Uhr).

107 Der Rotenfels

Der deutsche Ayers Rock

Staunend legt man den Kopf in den Nacken und schaut nach oben: Gigantisch! Der deutsche Ayers Rock! Nirgendwo sonst zwischen Nordkap und Alpen findet sich ein solches Felsmassiv. Mit 202 Metern Höhe und 1.200 Metern Breite ist es ein echter Superlativ. Entstanden vor circa 260 Millionen Jahren in einer vulkanisch aktiven Phase der Region, besteht der spektakuläre Felsen aus Ryolithgestein, das besonders bei Sonnenuntergängen in warmen, fast unwirklichen Rottönen leuchtet.

Vom Ort Traisen aus gelangt man auf den Berggipfel. Wenn der Wind aus Südsüdwest weht, kommt er hier oben ungehindert an, er pfeift um die Felsspitzen und lässt die Augen tränen. Im Hangaufwind kreisen zwei große Raubvögel, ab und zu zischen Falken mit schrillen Schreien durch die Luft. Auf dem Gipfelplateau finden sich Hinweisschilder auf Flora und Fauna. Das Felsmassiv steht unter Naturschutz, denn hier wachsen seltene, vom Aussterben bedrohte Pflanzen, und es gibt Tiere, die sonst nur im Mittelmeerraum vorkommen. In den trockenen und heißen Südhängen kann man Zikaden hören, Schmetterlinge flattern herum. Ganz vorn am Geländer, beim Blick nach unten, weicht man unwillkürlich einen Schritt zurück, und manchem nicht schwindelfreien Besucher schlottern die Knie. Der Blick geht von hier oben aus weit ins Weinbergsland der Nahe. Ein Fahndungsplakat der Polizei hängt an einem Baum. Gesucht wird ein Steinewerfer, der von hier oben einen großen Stein nach unten auf ein vorbeifahrendes Auto geworfen hat. Er hat getroffen und den Fahrer schwer verletzt.

Als Kletterfelsen ist der Rotenfels sehr beliebt, von überallher kommen Sportler und wollen den Berg auf Wegen bezwingen, die typische Klettertournamen haben: »Großer Riss«, »Mittelrippe«, »Saarbrücker Kamin«, man durchsteigt die »Große Rinne«, man besteigt die »Kilmer Nadel«, doch bei allen verschiedenen Namen: Man klettert immer im Rotenfels.

Adresse Rotenfelser Straße, 55595 Traisen | Anfahrt von Kirchberg auf der B 421 nach Martinstein, an der Nahe auf die B 41 bis Waldböckelheim, dort nach Traisen, in Traisen ausgeschildert bis zum Parkplatz Rotenfels | Tipp An der Uferpromenade der Nahe quert von April bis November Süddeutschlands einzige handgezogene Fähre die Nahe und bringt den Fahrgast zum Wanderweg auf den hohen Rheingrafenstein.

108 Die Autobahnkirche

Rastplatz für die Seele

Runter vom Gas, rein in die Kirche, auf zum Rastplatz für die Seele! Abfahrt von der A 61. Aber wer sie sich so vorstellt wie die meisten anderen Autobahnkirchen oder -kapellen, der irrt. Sie liegt nicht auf einem Rastplatz an der Autobahn, sondern mitten in Waldlaubersheim. Man fährt durch den Ort und landet vor einer Dorfkirche. Sie hat auch keinen Kapellencharakter wie die anderen Autobahnkirchen, sondern sie ist groß und alt.

Seit 1991 besteht das Angebot der evangelischen Gemeinde Waldlaubersheim, ihre Kirche als Autobahnkirche zu nutzen. Es werden hier also nicht nur Gottesdienste für die Gläubigen des Ortes abgehalten, sondern man bietet auch den Reisenden in dieser Karawanserei der Ruhe ein paar Momente der Besinnlichkeit. Es liegt ein »Anliegen-Buch« bereit, in das Reisende ihre Nöte, Ängste und Hoffnungen notieren können. Wenn man darin blättert, findet man tatsächlich viele verkehrstechnische Dankbezeugungen: »Danke, gerade noch einmal die Kurve gekriegt!« – »Lieber Gott, hab Dank für deine Hilfe in der schwierigen Fahrsituation eben auf der Autobahn.«

Man kann seine Bitten auch auf Zettel schreiben und sie an einem Holzkreuz, das an der Wand hängt, befestigen. Auf einer Ablage findet man ein kleines blaues Faltblatt, »Reisesegen« lautet der Titel. Darin gibt es Gebete und Segenswünsche in vielen verschiedenen Sprachen zu lesen, in aller Ruhe, denn hier drinnen ist das Getöse der Autobahn nicht zu hören.

An deutschen Autobahnen gibt es 38 dieser Kirchen, kein anderes Land verfügt über eine so große Dichte an Besinnungs-Drive-ins. Das Dauerrauschen des Verkehrs einen Moment lang aus den Ohren zu bekommen, das ist der Sinn dieser christlichen Auftank-Stationen. Und bevor man die Zündkerzen des Autos wieder startet, kann man hier noch eine Kerze aufstellen und sich und allen anderen eine gute Fahrt wünschen.

Adresse Binger Straße, 55444 Waldlaubersheim | **Anfahrt** von der A 61 Abfahrt Waldlaubersheim, die Kirche ist ausgeschildert | **Öffnungszeiten** Mo–So 8–18 Uhr, in den Sommermonaten bis 20 Uhr | **Tipp** Ein Besuch im Orgelmuseum Windesheim ist eine außergewöhnliche Angelegenheit. Hier bekommen die Augen und vor allen Dingen die Ohren was ab (Hauptstraße 52, www.orgel-art-museum.de).

109 Das tägliche Brot

Mit Laib und Seele

Deutschland gilt als das Land, in dem die meisten Brotsorten hergestellt werden. Der Grund für die Vielfalt liegt in der Kleinstaaterei vergangener Jahrhunderte und den günstigen Anbaubedingungen für unterschiedliche Getreidearten. In Norddeutschland wird vor allem Roggen angebaut, auf der Schwäbischen Alb erntet man Dinkel. Auch im Hunsrück sind viele verschiedene Qualitätsgetreide mit sehr guten Backeigenschaften zu finden. So können diverse Brotsorten hergestellt werden. Der Weg vom Getreide zum Brot kann hier in der Weitersbacher Mühle genau verfolgt werden. Landwirt Lorenz hat in mehreren Regionen des Hunsrücks seine Getreidefelder. Hier gedeiht Qualität mit guten Backeigenschaften. Dinkel, Roggen oder Weizen werden geerntet, zur Mühle gebracht und in einem besonders schonenden Mahlverfahren zu Typenmehl oder auch zu Spezialmehl verarbeitet. Eine Turbine, die mit dem Wasser des Idarbachs angetrieben wird, treibt das Mahlwerk an. Nur wenn der Bach zu wenig Wasser führt, wird ein Motor zugeschaltet. Hier trifft altbewährte Tradition auf moderne Technik. Das Mehl wird unter dem Namen »SooNahe« in ausgesuchten Geschäften verkauft. Und man kann es natürlich im hofeigenen Mühlenlädchen kaufen. Dort stehen auch viele andere Produkte aus der Region in den Regalen: Müsli, Getreide, Brotaufstriche und Wurst und Fleisch von Tieren, die mit selbst angebautem Biogetreide gefüttert wurden.

Die Mühle bietet noch etwas ganz Besonderes: Wer einmal sein eigenes Brot backen will, ist hier an der richtigen Stelle. Unter Aufsicht eines erfahrenen Bäckermeisters kann man in einem fünf Stunden dauernden Kurs lernen, wie man Teig herstellt und in eine Form bringt. Dazu gibt es Tipps und Tricks vom Bäckermeister. Wenn das Brot duftend aus dem Ofen kommt, findet eine Verkostung in geselliger Runde statt. Das selbst gebackene Brot darf man mit nach Hause nehmen.

Adresse Weitersbacher Hütte, 55624 Weitersbach | Anfahrt von der B 327 bei Hochscheid auf die L 190 in Richtung Rhaunen fahren | Öffnungszeiten Mo, Di, Do, Fr 8.30–12 Uhr, Mi Ruhetag | Tipp Das auf Stelzen gebaute Rathaus im Nachbarort Rhaunen ist eine Sehenswürdigkeit.

110 Die schiefe Bahn

Hier läuft der Opa im Rad

In vielen Kinderzimmern steht eine Kugelbahn aus Holz oder Plastik. Eine Murmel rollt auf einer Schiene immer weiter nach unten, zum Schluss landet sie in einer Schale. Dann nimmt das Kind sie, setzt sie oben wieder ein, und das Spiel beginnt von vorn. So eine Kugelbahn soll Kindern spielerisch die Gesetze der Physik und Wissenswertes über die phantastische Welt der Schwerkraft nahebringen. Erwachsene erinnert das Klickern und Klackern der Kugeln an ihre eigene Kindheit. Und so bauten einige Erwachsene in Zilshausen eine große Kugelbahn. Sie wurde so groß, dass sie nun als die längste Kugelbahn in Rheinland-Pfalz bezeichnet wird.

400 Meter ist sie lang, der Höhenunterschied liegt bei 50 Metern. 40 Baumstämme und circa 4.500 Schrauben wurden verbaut. Das Holz für die Bahn holte man aus dem gemeindeeigenen Wald, die Bäume wurden fachgerecht halbiert und eingefräst. Die Besonderheiten und Überraschungen der Kugelbahn wurden in den Werkstätten im Ort ausgetüftelt. Es dauerte etwa 1.000 Arbeitsstunden, bis das Ganze funktionierte.

Das Spiel beginnt an der Schutzhütte Zilshausen. Dort hängt der Kugelautomat. Wenn man einen Euro einwirft, bekommt man eine Holzkugel, die man als Andenken behalten darf. Nun setzt man die Kugel auf Start, und das Spiel beginnt. Man geht neben der laufenden Kugel her, die mal langsamer, mal schneller durch die gefräste Rinne der Baumstämme läuft. Dann kommt eine der Besonderheiten: Die Kugel muss, indem man die Pedale tritt, mittels eines hochgebockten Kettcars auf einer Spirale hinaufbefördert werden, bis sie – oben angekommen – wieder zu Tal rollen kann. Das Tollste ist das Hamsterrad: Hier muss die Kugel nach oben transportiert werden, indem jemand, und sei es der Opa, in ein überdimensioniertes hölzernes Hamsterrad steigt, es in Bewegung setzt und so die Kugel nach oben auf die schiefe Bahn bringt. Absolut genial!

Adresse Kapellenstraße, 56288 Zilshausen | Anfahrt auf der B 327 in Kastellaun auf die L 108 in Richtung Treis/Karden abbiegen, im Ort ausgeschildert | Tipp Vom »Otto Andreasturm« bei Macken sind bei klarem Wetter über 70 Hunsrückdörfer zu sehen.

111 Der Hammer

Sound der Vergangenheit

Schmelz, Damflos, Neuhütten, das sind Namen von Dörfern im Hunsrücker Hochwald. Holzfäller, Köhler, Erzgräber, Schmelzer und Hammerschmied, das sind Berufe im Hunsrück des 17. Jahrhunderts. Man könnte den Hunsrück zu dieser Zeit tatsächlich als »vorindustrielles Ruhrgebiet« bezeichnen. Überall wurde Erz gewonnen. Der Wald wurde gerodet, und Köhler produzierten Holzkohle für die Öfen, in denen das Eisen geschmolzen wurde. Diese ganzen Vorgänge waren nötig, um einen Hammer in Betrieb zu nehmen, der das glühende Metall zu Werkzeugen schmiedete.

Der »Züscher Hammer« ist das beste Beispiel für solch ein vorindustrielles Eisenhüttenwerk. Ohne Wasser wäre hier aber nichts gelaufen. Im idyllischen Tal, da wo Dom- und Königsbach sich zum Altbach vereinigen, wachsen Sumpfdotterblumen, Lupinen und Glockenblumen. Vögel zwitschern, der Bach murmelt, und im aufgestauten Weiher springen die Fische. Schwer vorstellbar, dass hier einmal ein großer Industriestandort mit all seinen Zulieferbetrieben war. Als Streuanlage errichtet, umfasste er eine Holzkohlenscheuer, eine Schmelze und ein Pochwerk, in dem die Produkte geschmiedet wurden.

Ende des 17. Jahrhunderts war es die größte Anlage weit und breit, der Chef kam aus Belgien und brachte einige seiner Landsleute mit. Kein Wunder, dass es hier heute noch Namen wie Grandjean und Lacroix gibt. Ungefähr in der Mitte des 19. Jahrhunderts wurde das Werk stillgelegt und verfiel. Erst 1983 erkannte man den Wert der alten Anlage und grub sie wieder aus. Mit Hilfe des Landesmuseums wurden einige Gebäude freigelegt und das Pochwerk mit dem Gestell für den großen Hammer wiederaufgebaut. Beeindruckend ist dieser Hammer! Schon allein der Stiel, ein langer massiver Balken, an dessen Ende der eiserne Hammerkopf befestigt ist. Laut ist er bei den Vorführungen, und der Name »Pochwerk« bekommt auf einmal eine klangvolle Bedeutung.

Adresse 54422 Züsch | **Anfahrt** in Hermeskeil auf die L 165, in Züsch dem »Hammer« folgen | **Öffnungszeiten** jeden 1. Sa und So im Monat, Besichtigung nur nach Voranmeldung unter Tel. 06503/7721 | **Tipp** Bei einem Besuch im Hexenmuseum Grimburg bekommt der Besucher Einblicke in den Hexenwahn vergangener Zeiten, von Foltermethoden, aber auch von einzelnen Schicksalen erfährt man hier Grausliches (Hauptstraße 16, www.hermeskeil.de).

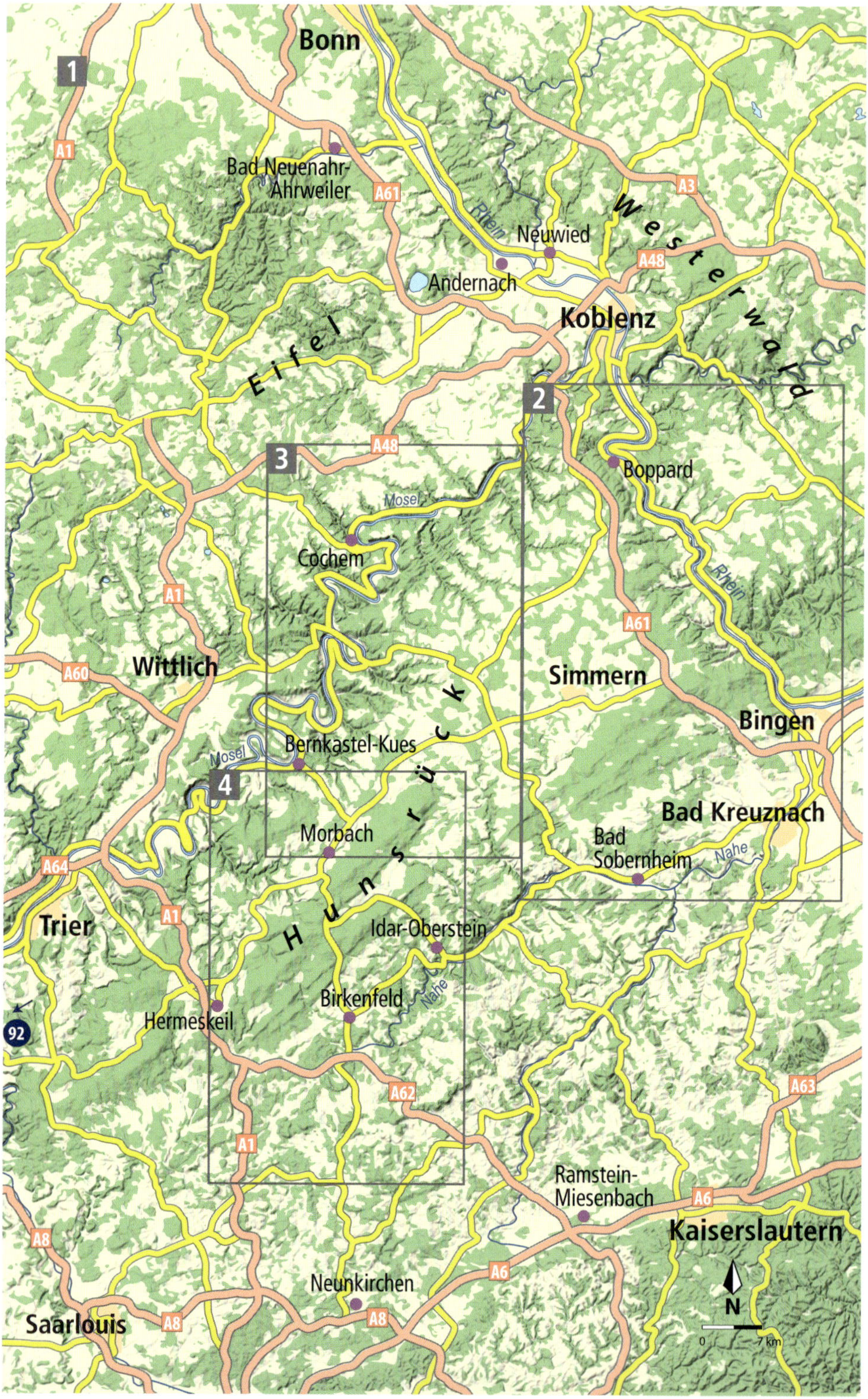
Bonn
Bad Neuenahr-Ahrweiler
Neuwied
Andernach
Koblenz
Westerwald
Eifel
Rhein
Boppard
Mosel
Cochem
Wittlich
Simmern
Bingen
Bernkastel-Kues
Hunsrück
Bad Kreuznach
Morbach
Bad Sobernheim
Nahe
Trier
Idar-Oberstein
Birkenfeld
Hermeskeil
Ramstein-Miesenbach
Kaiserslautern
Neunkirchen
Saarlouis
1
2
3
4
92
A1
A3
A6
A8
A48
A60
A61
A62
A63
A64
N
0
7 km

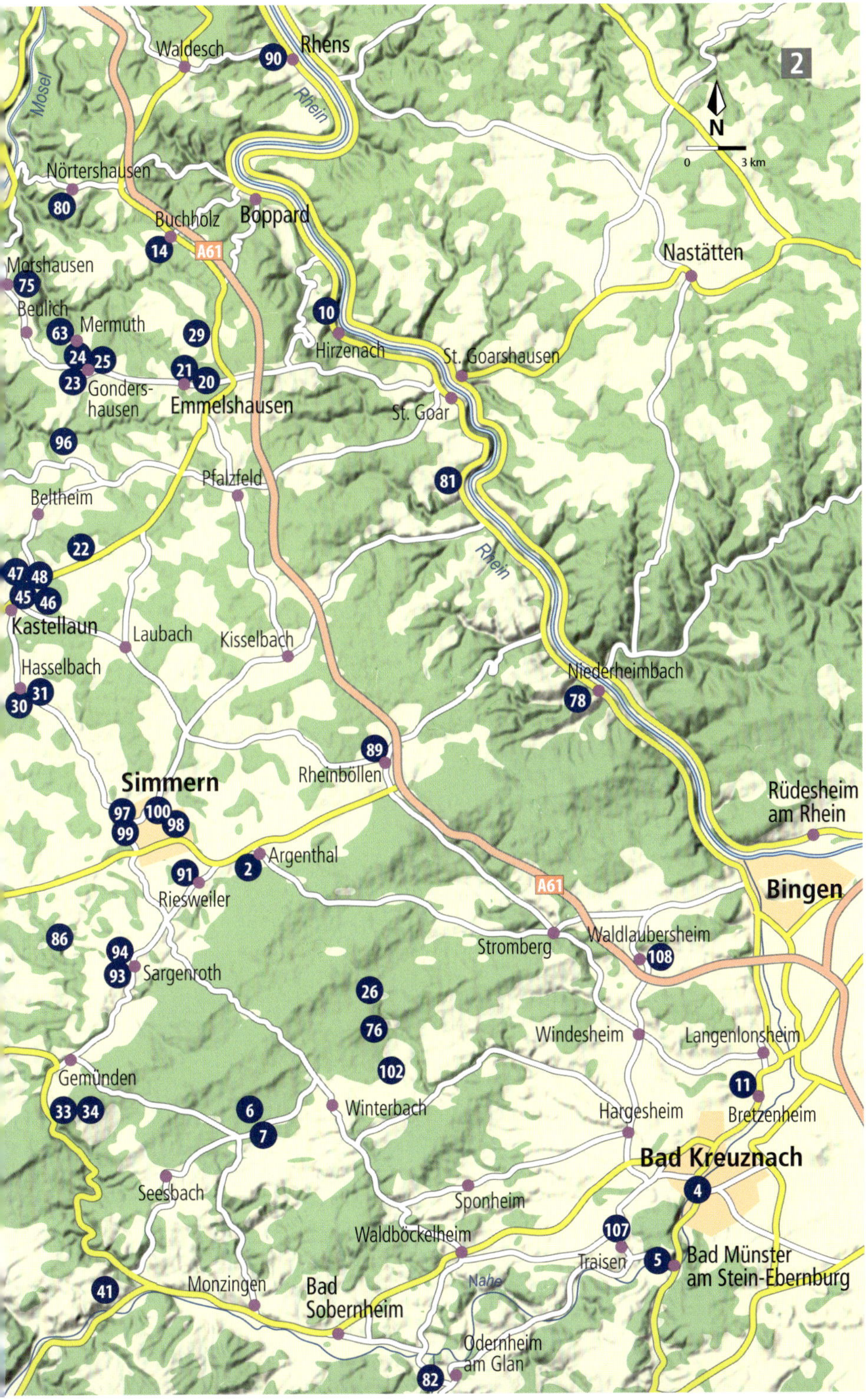

2
N
0
3 km
Mosel
Rhein
Nahe
A61
Waldesch
Rhens
Nörtershausen
Buchholz
Boppard
Morshausen
Beulich
Mermuth
Gondershausen
Emmelshausen
Hirzenach
St. Goarshausen
St. Goar
Nastätten
Pfalzfeld
Beltheim
Kastellaun
Laubach
Kisselbach
Hasselbach
Niederheimbach
Rheinböllen
Simmern
Argenthal
Riesweiler
Sargenroth
Rüdesheim am Rhein
Bingen
Stromberg
Waldlaubersheim
Windesheim
Langenlonsheim
Gemünden
Winterbach
Hargesheim
Bretzenheim
Bad Kreuznach
Seesbach
Sponheim
Waldböckelheim
Traisen
Bad Münster am Stein-Ebernburg
Monzingen
Bad Sobernheim
Odernheim am Glan

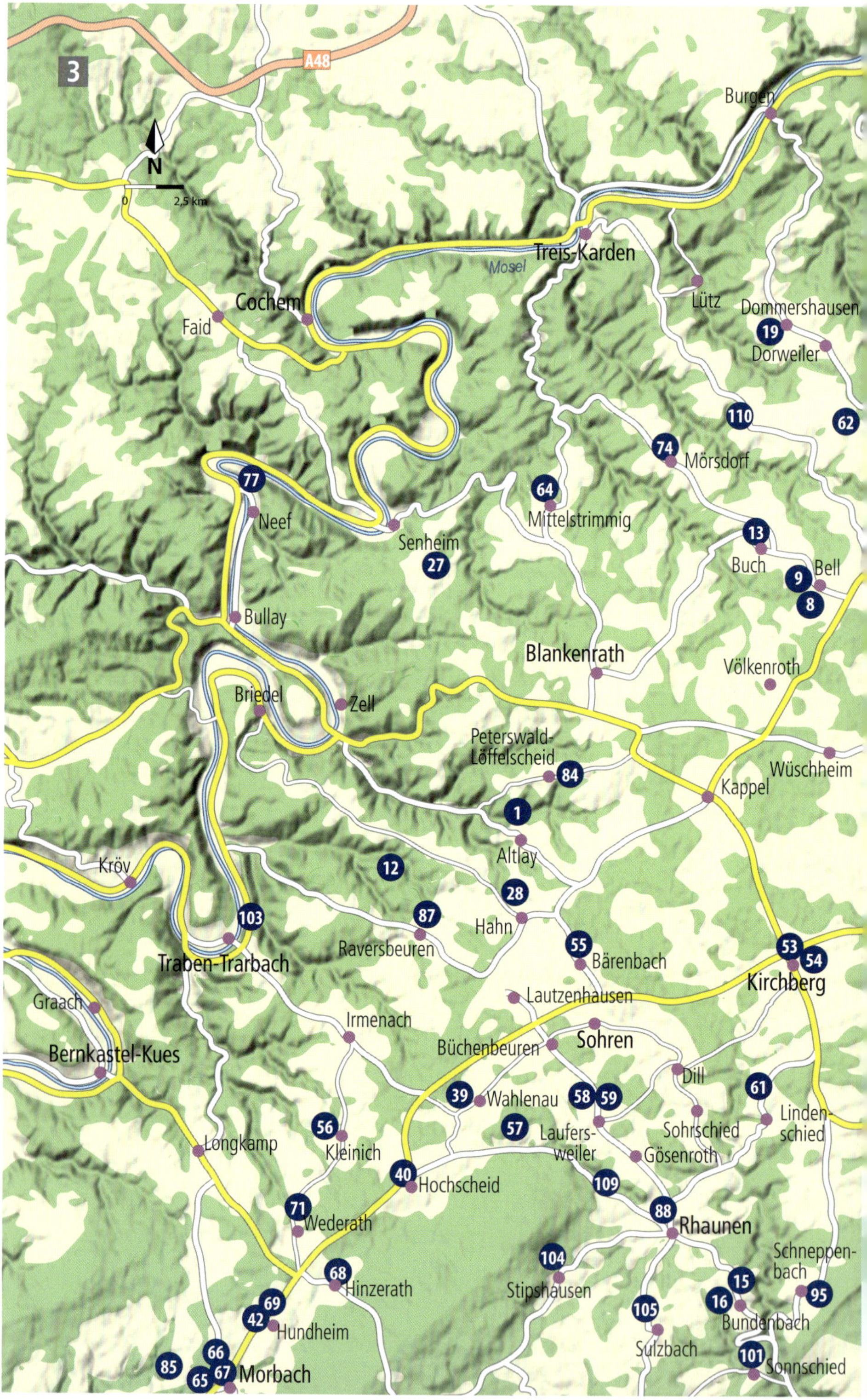
3
A48
N
0
2,5 km
Burgen
Treis-Karden
Mosel
Cochem
Faid
Lütz
Dommershausen
19
Dorweiler
110
62
74
Mörsdorf
64
Mittelstrimmig
77
Neef
Senheim
27
13
Buch
9
Bell
8
Bullay
Blankenrath
Völkenroth
Briedel
Zell
Peterswald-Löffelscheid
84
Wüschheim
Kappel
1
Altlay
Kröv
12
28
87
Hahn
103
Raversbeuren
55
Bärenbach
53
54
Kirchberg
Traben-Trarbach
Graach
Lautzenhausen
Irmenach
Bernkastel-Kues
Büchenbeuren
Sohren
Dill
39
Wahlenau
58
59
61
Linden-schied
57
Laufers-weiler
Sohrschied
56
Longkamp
Kleinich
Gösenroth
40
Hochscheid
109
71
Wederath
88
Rhaunen
104
Schneppen-bach
68
Hinzerath
Stipshausen
15
16
95
69
42
Hundheim
105
Bundenbach
Sulzbach
66
85
65
67
Morbach
101
Sonnschied

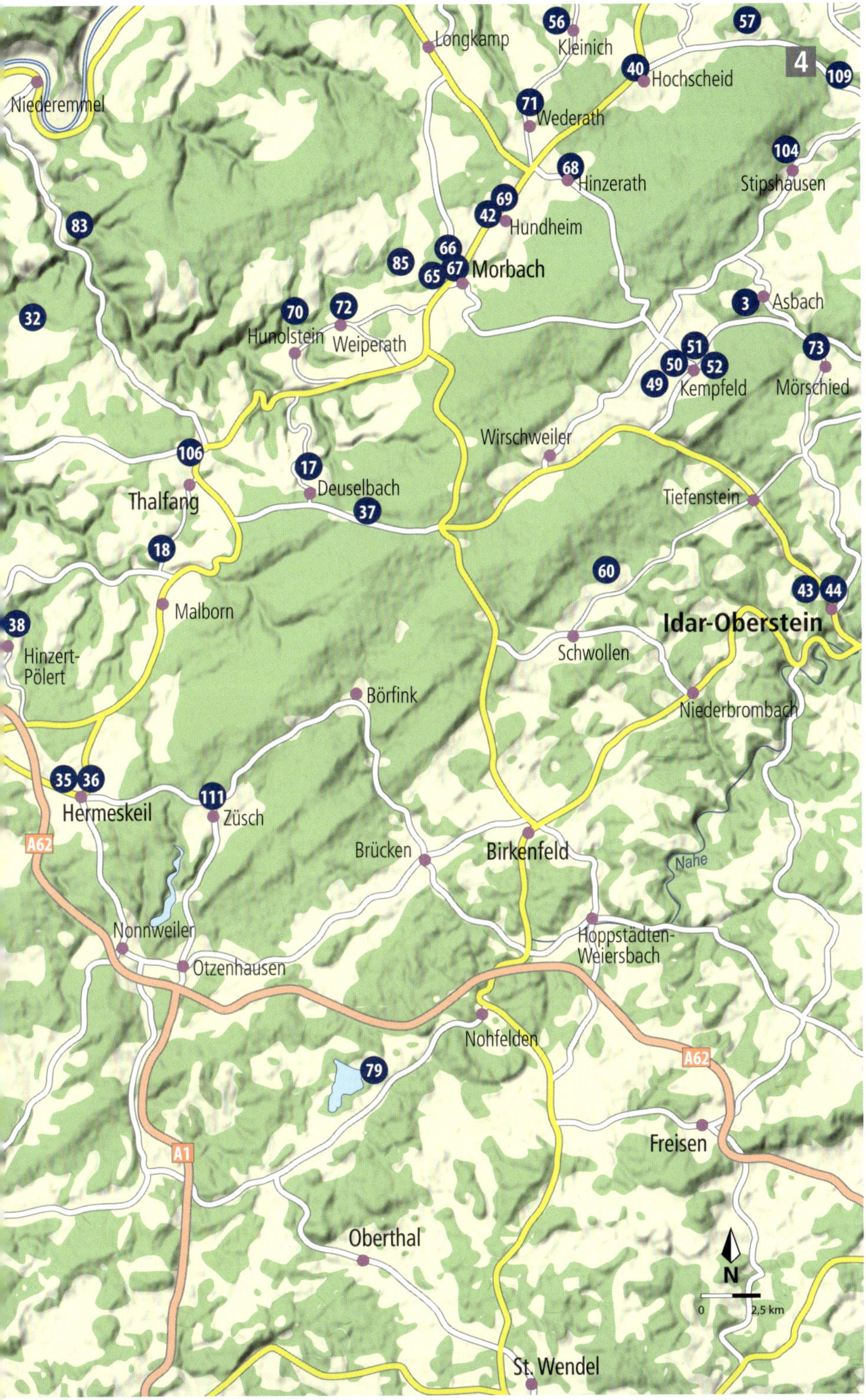

4
Longkamp
Kleinich
Hochscheid
Niederemmel
Wederath
Hinzerath
Stipshausen
Hundheim
Morbach
Asbach
Hunolstein
Weiperath
Kempfeld
Mörschied
Wirschweiler
Thalfang
Deuselbach
Tiefenstein
Malborn
Idar-Oberstein
Hinzert-Pölert
Schwollen
Börfink
Niederbrombach
Hermeskeil
Züsch
A62
Brücken
Birkenfeld
Nahe
Nonnweiler
Hoppstädten-Weiersbach
Otzenhausen
Nohfelden
A62
Freisen
A1
Oberthal
N
0
2,5 km
St. Wendel

Christina Kuhn, Christian Löhden
111 Orte in der Pfalz, die man gesehen haben muss
ISBN 978-3-7408-1192-1

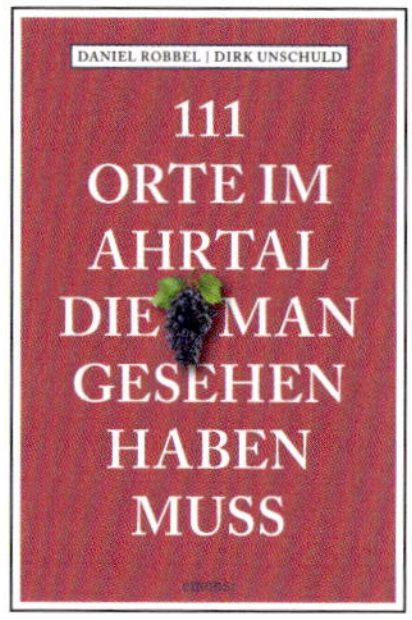

Daniel Robbel, Dirk Unschuld
111 Orte im Ahrtal, die man gesehen haben muss
ISBN 978-3-7408-0850-1

Bernd Imgrund
111 Orte in der Eifel, die man gesehen haben muss
ISBN 978-3-7408-0729-0

Bernd Imgrund
111 Orte in der Eifel, die man gesehen haben muss, Band 2
ISBN 978-3-7408-0552-4

Barbara Kemmer, Frank Schmitt
111 Orte in Koblenz, die man gesehen haben muss
ISBN 978-3-7408-0439-8

Peter Bieg, Maximilian Staub
111 Orte in Trier, die man gesehen haben muss
ISBN 978-3-95451-848-7

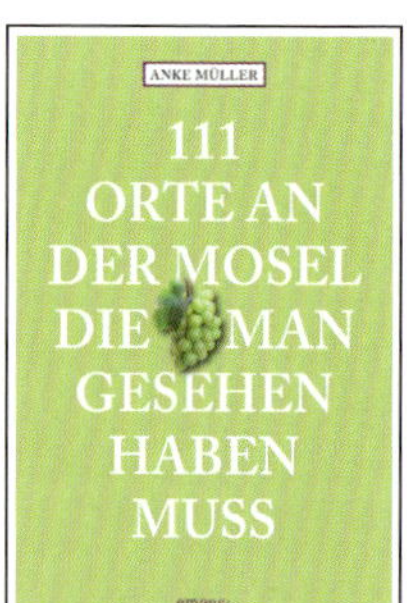

Anke Müller
111 Orte an der Mosel, die man gesehen haben muss
ISBN 978-3-95451-325-3

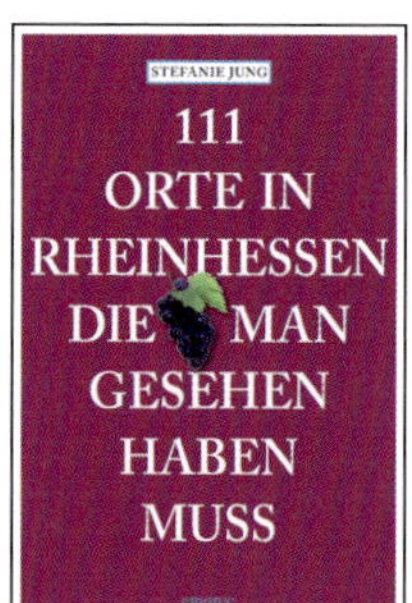

Stefanie Jung
111 Orte in Rheinhessen, die man gesehen haben muss
ISBN 978-3-7408-0738-2

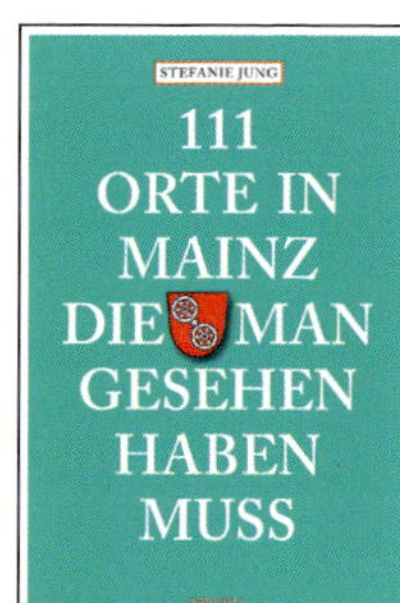

Stefanie Jung
111 Orte in Mainz, die man gesehen haben muss
ISBN 978-3-95451-041-2

Dietmar Hoos, Susanne Hoos
111 Orte in Kassel, die man gesehen haben muss
ISBN 978-3-7408-1188-4

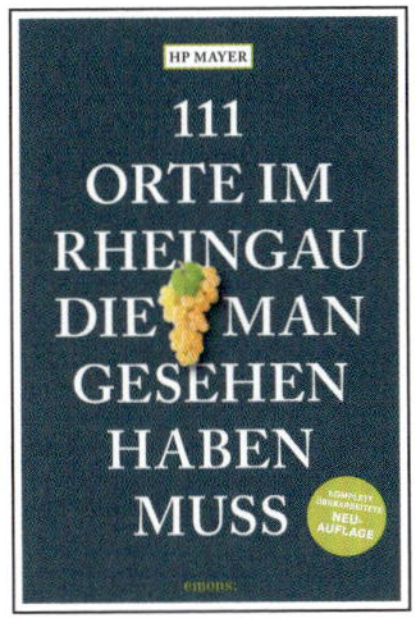

HP Mayer
111 Orte im Rheingau, die man gesehen haben muss
ISBN 978-3-7408-0999-7

Anna Köhler
111 Orte in Offenbach, die man gesehen haben muss
ISBN 978-3-7408-0982-9

Holger Grumt Suárez,
Rolando Grumt Suárez
111 Orte in und um Gießen, die man gesehen haben muss
ISBN 978-3-7408-0971-3

Ingo Stock
111 Orte im Werra-Meißner-Kreis, die man gesehen haben muss
ISBN 978-3-7408-0855-6

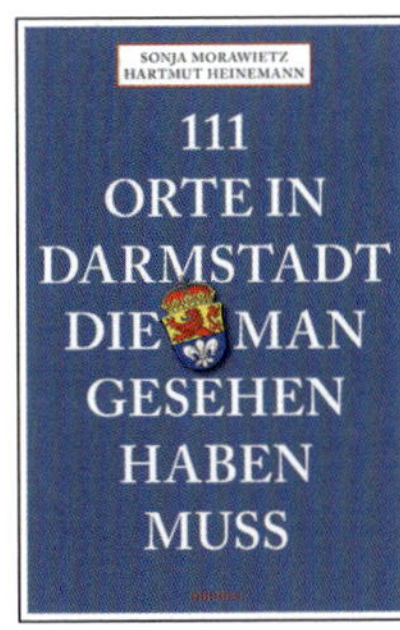

Sonja Morawietz,
Hartmut Heinemann
111 Orte in Darmstadt, die man gesehen haben muss
ISBN 978-3-95451-920-0

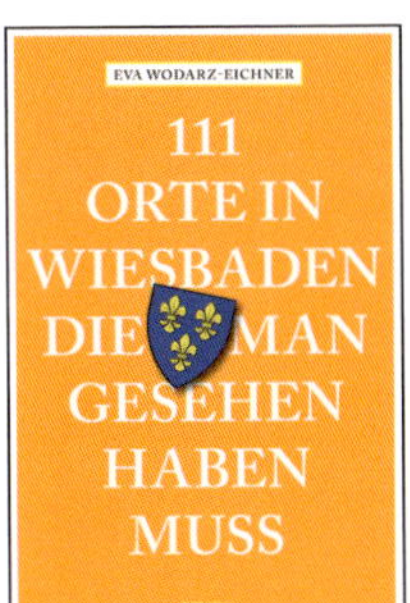

Eva Wodarz-Eichner
111 Orte in Wiesbaden, die man gesehen haben muss
ISBN 978-3-95451-670-4

Saschko Bach, Martin Nusch
111 Mal mit WDR 2 raus in den Westen
ISBN 978-3-7408-1191-4

Ralf Koss, Stefanie Kuhne
111 Orte im Bergischen Land, die man gesehen haben muss
ISBN 978-3-7408-1183-9

Jörn Heller
111 Orte in Siegen-Wittgenstein, die man gesehen haben muss
ISBN 978-3-7408-0976-8

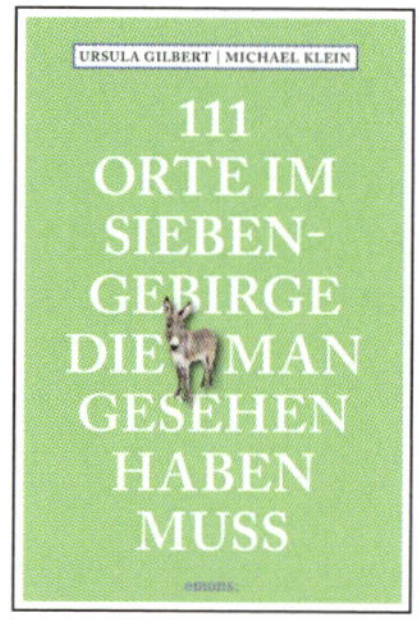

Ursula Gilbert, Michael Klein
111 Orte im Siebengebirge, die man gesehen haben muss
ISBN 978-3-95451-921-7

Ingo Stock
111 Orte im Teutoburger Wald, die man gesehen haben muss
ISBN 978-3-95451-859-3

Paul Stänner
111 Orte im Münsterland, die man gesehen haben muss
ISBN 978-3-7408-1099-3

Alexander Barth, Eckhard Heck
111 Orte in Aachen und der Euregio, die man gesehen haben muss
ISBN 978-3-89705-931-3

Jörg Küster, Christina Kuhn, Katrin Höller
111 Orte in Südwestfalen, die man gesehen haben muss
ISBN 978-3-89705-926-9

Peter Eickhoff
111 Orte am Niederrhein, die man gesehen haben muss
ISBN 978-3-89705-815-6

Bernd Imgrund, Nina Osmers
111 Orte im Kölner Umland, die man gesehen haben muss
ISBN 978-3-89705-777-7

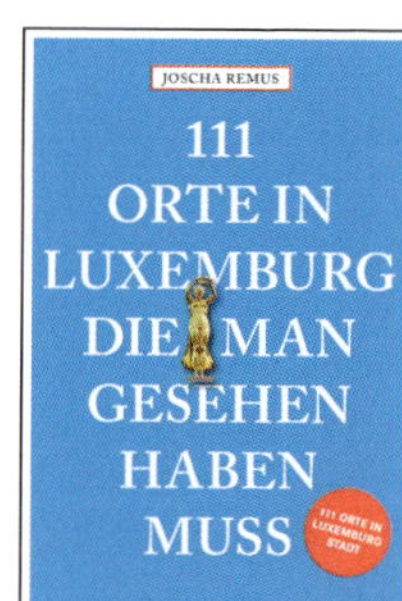

Joscha Remus
111 Orte in Luxemburg (Stadt), die man gesehen haben muss
ISBN 978-3-7408-0363-6

Elisabeth Friesenhahn, geboren 1957, studierte Musik an der Musikhochschule Trossingen, sie ist eine leidenschaftliche Leserin und geht mit ihrem Mann gern wandern, nicht nur im Hunsrück.

Peter Friesenhahn, geboren 1952, arbeitet als Musiker, Filmemacher und Autor. Er dreht Filmdokus über die Regionen Mosel, Eifel, Hunsrück.